KB096971

잃어버린
꿈에
피는
꽃

저자 서죽화

창조와 지식

잃어버린 꿈에 피는 꽃

초판 1쇄 발행 2022년   4월   8일

지은이_ 서죽화
펴낸이_ 김동명
펴낸곳_ 도서출판 창조와 지식
인쇄처_ (주)북모아

출판등록번호_ 제2018-000027호
주소_ 서울특별시 강북구 덕릉로 144
전화_ 1644-1814
팩스_ 02-2275-8577

ISBN   979-11-6003-445-5

정가 19,000원

지식의 가치를 창조하는 도서출판 창조와 지식
www.mybookmake.com

잃어버린 꿈에 피는 꽃

영겁을 이르지 못할지언정, 꿈을 꾸리라!
내 가슴에도 태양이 떠오르는….

5부 대공(大空)의 야생화(野生花)

글 꽃을 피우며(들어가는 말).

이 터에서((1부 고시촌(考試村) 가는 길)) 비바람으로((2부 젖은 잔(盞)) 무상(無常)을 알고((3부 금(琴)은 새(鳥)도 울리는 소리가 있건만)) 추구(追究)하기도((4부 묵향(墨香)) 했다. 그러다 사파(娑婆)일지언정 참을 노래했다((5부 대공(大空)의 야생화(野生花)).

시조(時調)는 고려 말부터 이어온 우리만의 문학으로 명칭은 시절가조(時節歌調), 즉 당시 유행하던 노래라는 뜻의 문학 분류 명칭이 아닌, 음악곡조 명칭에서 왔다.

형식에 따라 가장 보편적인 평시조(短시조. 초장·중장·종장의 글자가 45자 안팎으로 초장 3·4 4·4 중장 3·4, 4·4 종장 3·5 4·3)·엇시조(中시조. 초장·중장·가운데 어느 한 구절이 평시조보다 글자 수가 많음), 사설시조(長시조. 초장·중장이 제한 없이 길며, 종장도 길어진 시조. 조선 중기 이후 발달, 산문적·서민적임)로 나뉜다.

일본 단카(短歌 - 5 ,7,5,7,7. 5구절 31자)나 하이쿠(俳句 - 5,7,5. 17음)는 한 자의 가감 없이 고정되어 있다.

시집에 나타나는 한시를 보면 알 수 있듯이 한시 역시 오언절구·칠언율시도 형식과 평측(平仄)·압운(押韻)의 규칙을 보면, 한자의 4성 중 하나인 평성(平聲)에 속하는 평운(平韻). 4성 중 상성(上聲), 거성(去聲), 입성(入聲)의 운인 측운(仄韻)의 규칙이 있다. 예로 오언절구(五言絶句 - 다섯 자로 이루어진 시)나 七言絶句(칠언절구-일곱 자로 이루어진 시)의 평측(平仄)은 이러하다.

仄平平仄仄(측평평측측)
平仄仄平平(평측측평평)
仄仄平平仄(측측평평측)
平平仄仄平(평평측측평)

七言絶句(칠언절구)
仄平平仄平平仄(측평평측평평측)
仄仄平平仄仄平(측측평평측측평)
仄仄平平仄仄仄(측측평평측측측)
平平平仄仄平平(평평평측측평평)

이는 악보와 같은 것으로 五言·七言絶句 모두 평기식(平起式) 혹은 측기식(仄起式)으로 나눈다.

평기식은 제 일구의 둘째 자가 평성으로, 측기식은 측성으로 시작하기에 첫 구두 글자가 평성인지 측성인지에 따라 나머지 글자의 평측이 변하게 된다.

허나 우리 시조(時調)는 초·중·종장에도, 우리 얼과 정신처럼 자(字)가 여유(餘裕)의 멋이 있다.

모두 6 귀체(六句體)로 귀수(句數)는 두 구절씩 짝으로 한 행(行), 그러니까 한 장(章)을 이루고 있다. 많이 짓는 형식이다.

1부 고시촌 가는 길의 '한량 무(閑良舞) 부채에'서.

느닷없이(4) 끼어든(3) 초(初)가을(3) 풍정(風情)에(3)
한 토막 생(生)(4) 나부랭인(4) 가랑이로(4) 걷어차고(4)
도포 깃(3) 펄럭거리며(5) 호협(豪俠)함(3) 드누나(3).

엇시조(濫時調, 중형시조中型時調). 3부 금(琴)은 새(鳥)도…. 의 '콘도르 연(鳶)'에서.

마추픽추(4) 안드로메다(5) 잇대는(3) 얼의 선(線)(3)
인티파타나(5) 끈 동이고(4) 마크로코스모스에서(9) 조우(遭遇)하러(4)
천공(天空)을(3) 가로지르는(5) 콘도르칸키(5) 잉카의 넋(4).

사설시조((辭說時調) 장형시조(長型時調)). 3부 금(琴)은 새(鳥)도…. 의 '이데아이어 존재(存在)'

매화(梅花) 잎 춘설(春雪)에 애처롭기 그지없나
단 한 틈 과(過)치 않게 흐트러지지 않음은
이은 뜻 순(筍) 일지언정 아로새김, 이러니.
… ….
만 리(萬里) 허공(虛空)에 겨움도 할진대 달빛의 본디 이어
숱하고 하찮아 짓밟고 태우나 얼이야 마냥인 잡초
이르러 재(再) 돌아남은 이데아이어 한 존재(存在).

 풍토·격조의 멋 등, 남은 습(習)은 자신의 몫이다. 자꾸 쓰다
보면 어느덧 다가오게 되리라. 사족(蛇足)을 덧붙이자면 다들
그러듯 다른 작품을 많이 읽고·생각하고·써보길 바란다. 가슴
에 닿지 않으면 10번·100번·1,000번이라도 고치면 된다.
 글 고치기는 보통 3가지가 있다. 긴 글을 둘 혹은 셋으로 나
누거나, 사족(蛇足 - 화사첨족(畫蛇添足)의 준말. 뱀을 그리는
데, 없는 발까지 그려 넣었다는 뜻으로, 쓸데없는 군일을 하
여 도리어 실패함을 이르는 말) 자르기, 앞뒤를 뒤바꾸기이다.
 당부하고 싶은 것은 그러지 않을 경우도 있지만, 간접적이고
에둘러 표현하고 고치기 전 글과 고친 글 모두 보관했으면 한
다. 그러면서 자신이 왜 이렇게 고쳤는지 설명을 덧붙여라.
 저자 역시 이로 크게 얻은 것은 내 사고(思考)의 흐름을 이
해할 수 있었다.
 옛 선비들이 살을 베고 뼈를 깎는 고통이라 한 퇴고(推敲 -
여러 번 고치는)를 필자의 모 작품(신춘문예 당선작)도 1,200
번 이상했다. 끝나니 목적격조사나 부사격조사만 조금 바뀌었
을 뿐 처음 글로 되돌아온 것도 있었다. 또 하나는 버리기 아
까운 어휘나 구절일지라도 얽매이지 말고 때로는 단호히 버리
라고 권하고 싶다. 제목일지라도. 그것에 매여 더 나아가지
못하는 누를 범 할 수 있기 때문이다. 필자도 여러 번 경험했
다. 연(聯)을 어떻게 바꿀 것인지는 마음 흐름에 달려 있다.

 이 시집을 다 읽고 나면 시조 이해에 한 걸음 더 나아가리라. 욕심 하나 더하면, 이 소품(小品)으로 참을 추구(追究)하는 마음이 일어났음은 하는 바람이다.

 그동안 쓴, 장·단편 동화, 장·단편 소설, 에세이, 詩는 연말이면 으레 태우거나 삭제하기를 아마 삼천 여수는 넘었으리라. 살아남은 글들을 모아 추슬렀더니 몇 장르에 당선되었다. 詩를 추스르다 뜻이 맴도는데 귀(句)가 잡히지 않아 전전반측(輾轉反側)타가 문득, 옛 시의 멋진 표현을 생각해 내고는 가져오니, 참 좋았다. 이름이야 거창하게 차운(次韻 - 남이 지은 시의 韻 字를 따서 시를 지음. 또는 그런 방법)이나 용사(用事 - 漢詩를 지을 때, 옛날의 뛰어난 글들에서 표현을 이끌어 쓰는 일)라 일컬을지언정, 도적질이 이리 재밌을 수가, 송구하고 감사한 마음에 출처를 밝혔으나 상습범(常習犯)이 되었다.

 펴내 주신 「창조와 지식」과 그 외 해산(解產)의 기쁨을 주신 여러 귀한 분께 감사드린다. 낱말 뜻은 『국립국어원 사전』과 『한컴 사전』을, 해설은 다 알려진 정보임에 툭하면 저작권법 운운을 피하여 『위키백과 사전』와 『나무 위키 사전』을 참조했다. 참 감사하다.
 때로 해설의 장황(張皇)함은 지적 유희(知的遊戲)를 위함이니 양해(諒解)를 구한다. 두 번째 시집 『사하라 장미(薔薇)』의 태동(胎動)과 해산(解產)의 진통(陣痛)을 느끼며….

- 사하라 장미(薔薇); 사하라 사막(砂漠)의 소금 바람·모래바람이 천년(千年)을 서로 엉키어 이룬, 장미(薔薇)를 닮은 결정체(結晶體). 그리 피어난 사하라 장미(薔薇). 이처럼, 내 꿈에 길고 흉흉(洶洶)히 엉켜온 소금 바람·모래바람, 이제 장미(薔薇)로 피리라. 신비(神祕)로이.   竹花

차례

3부

서시(序詩).

잃어버린 꿈에 피는 꽃
아빠를 향한 어린 딸의 애틋한 마음

민들레에 졸고 있는 샛노란
봄볕을
가만가만 담았어요. 엄마 보온병 담뿍
이제 올 다른 날들이, 혹여나
싶은 맘.

쓸쓸한 가을이나 찌는 듯 여름보다
시샘 많은 꽃샘이 다소곳이 숙인 날
살며시 볼에 안으면
스미는 애처로움.

찬기 어린 눈 너울 초록 꿈 감쌀지나
이제 울릴 거예요.
내 마음 하모니카
조그만 겨룸도 없이 펼쳐질 한 햇살.

어저께나 그저께도 가질 수 없는 것
샛노란 날이 붉은 날, 푸른 날은 하얀 날
바람이 그러했듯이,

그럴걸요. 파도도.

기도했어요.
품은 채 살포시 젖히며
꿈 없는 내일은 이르지 않아요.
내일의 내일은 다시 내일이지 않아요.

올봄엔,
언 가지마다 맺힌 꽃망울처럼
떡갈나무 마른 잎, 새싹에 질 즈음
울 아빠 잃어버린 꿈에도 꽃이 필,
거예요.

*찬기 어린 눈 너울; 봄 눈(春雪).
*샛노란 날이 붉은 날, 푸른 날은 하얀 날; 봄날이 가을날을,
여름날은 겨울날을.
*떡갈나무; 낙엽 활엽 교목으로 키는 20~25m. 잎은 마른 뒤
에도 겨우내 붙어 있다가 새싹이 나올 때 떨어진다. 꽃말은
'절망 속에 피는 희망'이다.

1부

●

고시촌(考試村) 가는 길

1부

고시촌(考試村) 가는 길

고시촌(考試村) 가는 길

맴돌길 가없다.
푸른 구름 언저리
풋눈의 자취인, 가을 더미 헤집고
노을이
설핏하게 지는,
고시촌(考試村) 가는 길.

백학(白鶴)으로 날아간 앞뜰의 자작나무
산하(山河)가 언 눈물에 아득히 젖는 날
시비르 스카이라인 너머, 넋이 가신 어머니.

야마(野馬) 떼 우짖는 백야(白夜)의 허허벌판
늘 낯선 포장마차(布帳馬車)
끝 모를 상실(喪失) 실으니
허공(虛空)을
이울어 가는,
달(月)이 된 젖은 잔(盞).

*푸른 구름; 청운(靑雲 - 입신출세)의 꿈.
*풋눈; 초겨울 들어 조금 내린 눈.
*가을 더미; 낙엽 무더기.

*설핏; 해의 빛이 약해진 모양. 잠깐 나타나는 모양. 풋잠이나 얕은 잠에 빠져든 모양.

*백학으로 날아간 앞뜰의 자작나무; 백학(白鶴)으로 떠나간 아들, 어머니의 하늘과 가슴은 설원(雪原)의 시비르였다. 나는, 어머니에게 어떤 아들인가?

*백학(白鶴 - zuravli); 러시아에 땅과 피와 넋을 빼앗긴 채 전장에서 돌아오지 못한 10대 체첸 공화국 병사들 넋은 오열하는 어머니의 피맺힌 한으로 끝없는 설원에서 흰 학이 되어 설원의 자작나무 숲을 넘어 날아갔다. 어머니의 가슴에는 영원한 상실을 상실로 남겨둔 채, 이는 그 노래이다.

국민 대다수가 이슬람 수니파인 체첸 공화국은 면적은 1만 9,000㎢에 고유어인 체첸어를 사용하며 수도는 그로즈니(Grozny)로 러시아에 속했지만, 자치 공화국이다.

오래전부터 유목민족인 원주민 '나흐족'이 거주하고 있었으며 1859년 강제 합병되어 1936년 구소련 연방으로 편입되었으나 1991년 구소련 연방의 해체로 가장 먼저 분리 독립을 선언하자 카스피해와 흑해라는 지형, 코카서스산맥 유전, 카스피해로부터 지나는 파이프라인에, 21개국 연방국인 러시아의 다른 자치 공화국들이 따르지 못하게 1994년 말 침략해 제1차 체첸전쟁으로 러시아 병사 5,732명 민간인 161명 사망, 체첸은 민간인 100,000여 명, 17세의 어린 병사들까지 15,000여 명이 전사했다. 체첸은 전 세계 무슬림 인구의 중 이란과 이라크에 집중된 10%의 시아파 외에 90%가 수니파이다.

그렇듯, 나라 간만이 아니라 국가 공권력에 의해서나 개인 간 역시, 선(善)과 법치(法治) 아닌, 악(惡)의 힘, 압제(壓制), 불의(不義)와 불평등(不平等), 갈등(葛藤)과 분쟁(紛爭), 피맺힌 한(恨), 고독(孤獨)이 이렇게 흐르는 것을 보면, 지구(地球)는 드넓은 우주 그 많은 별나라의 지옥일지도 모른다.

구소련 민족시인 '감자토프'는 체첸 옆 나라 다게스탄에서 태어났다. 독일과 전쟁인, 스탈린그라드 전투를 겪은 뒤 이 시를 지었다고 하며 곡은 '얀 프렌켈가', 노래는 국민가수 이자 배우인 '마르크 베르네스'가 불렀으나 베르네스 사후 많은 가수 등에 리메이크되었으며 곡과 가사가 매우 처절하 다. 현재도 제2차 세계대전 전승 기념일에 빠지지 않으며 한 국은 드라마 모래시계의 OST로 알려졌다.

나는 가끔 병사들을 생각하네.
피로 물든 들녘에서 돌아오지 못한 병사들을
잠시나마 고향 땅에 누워보지도 못한
백학으로 화한 그들을.

그들은 예부터 지금도 날아만 갔다네.
그리고는 우리도 불렀지
왜, 우리는 자주 슬픔에 잠겨서
하늘을 바라보며 말을 잃어야 하는가? 라며.

날아가네, 날아간다네. 저 하늘 지친 백학의 무리로
날아가네, 저물어가는 하루의 안개 속을.
무리 지은 대오의 조그만 틈새,
그 자리가 바로 내 자리가 아니 런지.

그날이 오면 백학들과 함께
나는야, 회청색 어스름 속을 끝없이 날아가리.
대지에 남겨둔 그대들의 이름을
하늘 아래 새처럼 목 놓아 부르며.

*자작나무; 태우면 나는 '자작자작' 소리로 붙여진 이름으로 '화촉(華燭)을 밝힌다'라는 화촉은 이 나무껍질로 만든 초이다. 시베리아 여인들은 이 나무가 영혼을 보호해 준다고 믿어 아들이 태어나면 뜰에 심고 돌보며 떠난 아들이 무사히 자신의 품으로 돌아오기를 기원했다. 어느 즈음에 이 황량한 시비르 고시촌을 벗으나 어머니 품에 돌아갈 수 있으려나….
*산하(山河)가 언 눈물에 아득히 젖는 날; 눈이 내리는 날.
*시비르(Sibir); 시베리아(Siberia)의 러시아어.
*스카이라인(skyline); 지평선(地平線).
*너머와 넘어; '너머' 공간, '넘어' 동작.
*야마(野馬); 야생마(野生馬). 아지랑이.
*백야(白夜)의 허허벌판; 불빛 지지 않는 고시촌 가는 길.
*끝 모를 상실(喪失); 다 잃었으나 다시 잃는 상실(喪失).

흰 눈 흩날리는, 고독조차 흰빛으로 물든 지독하게 고독한 날, 이어폰을 울리는 음유시가(吟遊詩歌) 백학(Cranes)의 선율과 지난날 상실(喪失), 먼 옛날 상실임에 아리게 교차한데다가 오래전, 기대와 꿈을, 가시는 순간에도 놓지 않으신 어머니가 떠올라 허허벌판에 늘비한, 음악이 아닌, 우짖는 야생마 소리를 들으며, 이미 잃었건만, 끝없이 잃어져 가는 상실(喪失),

Zeus의 불을 훔쳐 인간에게 줌으로 Caucasus 산 바위에 묶인 채 독수리에게 간을 먹이는 제우스의 노여움, 새 간이 돋아나면 다시 먹히기를 영원히 계속되는, 영원한 상실(喪失)일지나, 마지막 상실(喪失)이길 꿈꾸며… 오늘도 오른다.
프로메테우스(Prometheus)의, 헤라클레스(Herakles)에 의한 늘 낯선 포장마차, 그리고 이지러져 가는 달이 된 젖은 잔(盞), 이은 잔(盞)이 Herakles의 화살이길 바라며….

한량 무(閑良舞) 부채에

차마 못 헤아리다. 하염없이 뜬 유랑(流浪)

실었다. 흩날리나니, 접었다. 펼치어

꽃잎은 떨어질지나, 달은 천추(千秋)에 밝누나.

노장(老丈)은 여하(如何)하고 소무(小巫)의 교태(嬌態)들

너부죽한 마당을, 거연(居然)히 디디다

한껏 더 조롱(嘲弄)하나니 덧없는 이 시류(時流).

느닷없이 끼어든 초(初)가을 풍정(風情)에

한 토막 생(生) 나부랭인 가랑이로 걷어차고

도포 깃 펄럭거리며 호협(豪俠)함 드누나.

*한량 무(閑良舞); 선비 춤. 벼슬 못한 호반(虎班)인 한량들의
풍류(風流) 춤. 한량과 별감보다는 파계승이 춤으로 기생의 환
심을 산다는 진주 지방 춤. 관아 행사 때 여흥으로 춘 풍자

(諷刺) 춤극이다.

*꽃잎은 떨어질지나, 달은 천추(千秋)에 밝누나.; 花落月千秋.
이 詩는 기녀 취선(翠仙)이나 추향(秋香), 혹은 김철손(金哲孫)
의 애첩인지 불명하나 백제 마지막 의자왕과 낙화암(落花巖 -
충청남도 부여군 부소산, 백제 최후의 날, 삼천 궁녀가 백마
강에 몸을 던져 죽었다는 큰 바위)의 궁녀를 용과 바람에 겨
간 꽃잎에 비유하여 인생무상(人生無常)을 노래한, 여인의 섬
세함이 깃든 수작(秀作)이다.

白馬江懷古(백마강회고) 未詳(미상). 백마강에서 회고하다.
晚泊皐蘭寺(만박고란사) 해 질 녘 이른 고란사
西風獨倚樓(서풍독의루) 서풍에 홀로이 누대를 기대니
龍亡江萬古(용망강만고) 용이 떠났으매 강은 옛 그대로이고
花落月千秋(화락월천추) 꽃잎은 떨어지나, 달은 천추에 밝누나.
- 천추(千秋); 썩 오랜 세월. 먼 미래.

*노장(老丈); 나이 많은 사람을 높여 이르는 말.
*소무(小巫); 탈춤에서, 노장·취바리·양반 따위의 상대역으로
나오는 젊은 여자.
*너부죽하다; 조금 넓고 평평한 듯하다.
*거연(居然)히; 한시(漢詩)에서는 '슬며시' '슬그머니'로 잘 쓰
임. 평안하고 조용한 상태.
*시류(時流); 그 시대의 풍조나 경향.
*풍정(風情); 정서와 회포를 자아내는 풍치나 경치.
*호협(豪俠)하다; 호방(豪放 - 기개가 장하여 작은 일에 거리낌
이 없음)하고 의협심(義俠心)이 있다.

기일(忌日)

꽃은 실과(實果) 맺으려 스스로 시든다.
잉태(孕胎) 날 햇살에 꽃잎 흩날리고서
태동(胎動)에
찬란(燦爛)하게 진
넋에 핀 분홍(雰虹) 꽃.

섬돌가 곱디고운 하루 꽃 원추리
긴 세월(歲月) 무뚝뚝한 돌비석(碑石)만 벗 삼다
천(千) 길 낭
불구덩이에
화르르 핀 소신공양(燒身供養).

바람 없는 하늘에 파문(波紋) 이는 눈시울
진 황토(黃土) 항에서 웅그리신 자태(姿態)에
느껍다.
하얀 재에 핀
한 떨기 그리움.

*분홍(雰虹) 꽃; (雰虹 - 무지개. 무지개 雰. 무지개 虹) 어머니
가 되기 전 여인으로 꾼 꿈.
*원추리꽃; 한자로는 훤초(萱草)라고 하며 등황색으로 백합과

비슷하다. 어린 꽃은 말려서 식용하기도 한다. 중국에서는 식용과 관상용으로 잘 기르며 황화채(黃花菜)라 하여 말린 원추리의 꽃을 잠깐 불려서 다른 음식에 넣거나 고명으로 쓰며 중국요리에서 빼놓을 수 없는 소재다. 우리나라 옥상 정원에 많이 심는 식물 중 하나이다. 꽃말은 기다리는 마음이다. 섬돌가 핀, 소식 없는 아들로 애 타는 어머니의 마음을 그린, 당(唐)의 맹교(孟郊) 시(詩) 유자(遊子)에서 가져왔다.

萱草生堂階(훤초생당개) 원추리꽃은 섬돌 가에 피는데
游子行天涯(유자행천애) 집 떠난 아들은 벼랑 끝을 가누나
慈親倚堂門(자친의당문) 자상하신 어머니는 문에 기대시나
不見萱草花(불견훤초화) 원추리 꽃을 볼 수 없으시니.

맹교(孟郊)가 인양현위로 있을 54세 때 어머니를 그리워하는 詩 한 수 더.

유자음(遊子吟-멀리 가는 아들을 읊다)에서.

慈母手中線(자모수중선) 자장하신 어머니는 바느질감을 들고
遊子身上衣(유자신상의) 먼 길 떠나는 아들이 입을 옷에
臨行密密縫(임행밀밀봉) 떠날 때 한 땀 한 땀 촘촘하게 기움은
意恐遲遲歸(의공지지귀) 아들이 혹여나 더디 올까 두려워서니
誰言寸草心(수언촌초심) 그 누가 그러던가, 저 한 치 풀들이
報得三春暉(보득삼춘휘) 따뜻한 봄볕 은혜 갚을 수 있으리라.

- 유자(遊子); 먼 곳에 있는 아들. 나그네.
- 선(線); 실. 바느질하다.
- 임행(臨行); 그 자리에 가다. 여기서는 '떠남에 다 달아' 뜻.
- 밀밀(密密); 촘촘함.
- 지지(遲遲); 더디고 더디다.
- 촌초심(寸草心); 한 치 풀같이 짧은 마음. 자식이 부모를 향한 마음.
- 삼춘휘(三春暉); 봄의 따스한 햇볕. 어머니의 은혜. 三春은 '봄 석 달.' 아들(寸草)이 어머니(三春暉)를 생각하는 마음이라

야 자식 생각하는 어머니 사랑에는 너무 하잘것없다는 뜻.
- 誰言寸草心 報得三春暉. 名句 中 名句이다.
*긴 세월(歲月) 무뚝뚝한 돌비석(碑石)만 벗 삼다; 어머니의 외
로움과 아들을 그리워하는 마음. 金尙憲(김상헌)의 노방가(路傍歌
塚 - 길가 무덤)를 떠 올리며.
路傍一孤塚(노방일고총) 길가 외로운 한 무덤
子孫今何處(자손금하처) 그 세 자손은 어디를 갔기에
惟有雙石人(유유쌍석인) 돌조각 한 쌍만이
長年守不去(장년수불거) 긴 세월 우뚝이 있나.
- 김상헌(金尙憲); 본 안동 자 숙도(叔度) 호 청음(淸陰)·석실선
인(石室山人)이다. 예조좌랑·시강원사서(司書)·이조좌랑·홍문관
수찬 등을 역임하였다. 저서는 『야인담록(野人談錄)』『독례수
초(讀禮隨鈔)』『남사록(南槎錄)』등이 있고, 후인들에 의해 문집
『청음집』이 간행되었다.
*소신공양(分身供養); 보리(菩提 - 불교. 불타의 지혜를 얻기
위해 닦는 도)를 위해 자기 몸을 태워 부처 앞에 바침. 또는
그런 일. 여기서는 어머니의 희생과 마지막 화장(火葬).
 삼십여 년을 공원묘원에 계시다가 2020년 5월 26일 화장하
여 수목원으로 가신 부모님.
*바람 없는 하늘에 파문(波紋) 이는 눈시울; 만해(卍海) 한용운
(韓龍雲)의 '알 수 없어요.' 이는 삼라만상(森羅萬象)에 절대적
존재에의 추구와 깨달음을 노래했다.
 바람도 없는 공중에 수직의 파문을 내이며, 고요히 떨어지는
오동잎은 누구의 발자취입니까.
 지리한 장마 끝에 서풍에 몰려가는 무서운 검은 구름의 터진
틈으로, 언뜻언뜻 보이는 푸른 하늘은 누구의 얼굴입니까.
 꽃도 없는 깊은 나무에 푸른 이끼를 거쳐서, 옛 탑 위의 고
요한 하늘을 스치는 알 수 없는 향기는 누구의 입김입니까.
 근원은 알지도 못할 곳에서 나서, 돌부리를 울리고 가늘게

흐르는 작은 시내는 굽이굽이 누구의 노래입니까.

 연꽃 같은 발꿈치로 가이없는 바다를 밟고, 옥 같은 손으로 끝없는 하늘을 만지면서, 떨어지는 날을 곱게 단장하는 저녁놀은 누구의 시입니까.

 타고 남은 재가 다시 기름이 됩니다. 그칠 줄 모르고 타는 나의 가슴은 누구의 밤을 지키는 약한 등불입니까.

*만해(萬海); 1879~1944. 본관은 청주. 1896년 홀연히 가출, 만행으로 설악산 오세암에서 불교 공부하던 중 다른 세계로의 공부를 위해 시베리아 등을 만행, 돌아와 설악산 백담사에서 세속의 인연을 끊고 은사(恩師) 연곡선사(蓮谷禪師)로 출가하여 승려가 되었다. 3·1 독립운동 때 불교계 대표 및 33인의 대표로 승려의 혼인을 주장한 진보적 승려로 자신도 1번의 이혼과 2번 결혼한 시인이자 사상가로 독립 운동가이다. 저서 『님의 침묵』와 『후회』『흑풍』등이 있다. 그의 삶과 사상이 방대하여 지면을 할애(割愛)할 수가 없다. 독자 스스로 공부하시길…. 조정래는 그를 한국 불교의 최고 인물로 평했다. 시인이 고등학교 시절 교과서에서 이 시를 처음 만난 후 감동한 나머지 암송하고는 선사가 출가 했다는 백담사를 찾았다.

*항; 항아리. 납골함(納骨函). 어머니에 대한 회한(悔恨).

*느껍다; 어떤 느낌이 마음에 북받쳐서 벅차다.

노숙자(露宿者)

메케한 지하(地下) 삼층(三層) 축축한 마대(麻袋)들
천(千) 길 낭 계단(階段)을 오르내린 한나절
한 술에
잇대어서는,
이내 다 떨구고.

허공(虛空)에 떠 자전(自轉)하는 둥근 땅 가장자리
밤 내내 뒤척이다. 엇디딘 인간시장(人間市長)
저물녘
거두는 가을 산,
머물 곳 잃은 노을.

떠내려 온 주민(住民) 센터 바람의 눈빛에
끝 간 데 없이 낯선 바다 난파(難破)된 조각배
타는 목
애써 감추는, 먼 나라 에트랑제.

땅거미 떼거리 차마 내딛지 못해
지하도(地下道) 귀퉁이 벙거지 챙 당기니
날 지난
신문지(新聞紙)에 지는,
들 찔레 망울들.

*술; 한 숟가락의 분량.
*한 술에 잇대어서는, 이내 다 떨구고; 무거워서 떨어뜨린 건 숟가락만이 아니었다.
*저물녘 거두는 가을 산에 머물 곳 잃은 노을; 가을 산이 석양빛 거두어들이니 머물 곳을 잃은 저물녘 노을의 쓸쓸함을 목란채(木蘭柴)로 노래한 왕유(王維)의 심정이 이러했을까?

秋山斂餘照(추산렴여조) 가을 산이 석양빛 거두어들이니
飛鳥逐前侶(비조축전려) 날던 새는 둥우리로 돌아가네.
彩翠時分明(채취시분명) 아리따운 비췻빛 보석처럼 빛나나
夕嵐無處所(석람무처소) 저물녘 노을은 머물 곳을 잃었네.
- 왕유; 당대(唐代) 태원 사람, 자 마힐(摩詰), 사대부 집안이나 어려서부터 불교에 심취한 탓에 선시(禪詩)가 많다. 음률(音律)·그림에도 뛰어나 '그림이 시 같고 시가 그림 같다'고들 했다. 400여 수가 전해지며 벼슬은 상서우승(尙書右丞). 중국 자연 시인의 대표자이며 남종화의 창시자로 시집 『왕우승집(王右丞集)』이 있다.
*에트랑제(étranger); 이방인. 그들에게 난, 이방인이었다.
*날 지난 신문지에 지는 들 찔레 망울들; 펼쳐진 신문지 위에 떨어지는 동전은 동전만이 아니었다. 가족이라는 황량한 들의 붉은 찔레꽃들이었다.
 외환위기로 많은 이가 실직했다. 그날, 흩뿌리는 빗속 수원역 무료급식소에서 빵과 우유를 받아들고는, 주민 센터에서처럼 움푹 든 귀퉁이에서 참 많이 울었다.

 많은 사람이 실직하고 파산했다. 1997년 한국의 외환위기 발생 배경 요인으로 국내적으로는 한보·기아 사태와 국외적으

로는 동남아시아 전체의 혼란이었으나 무엇보다 정치적 부패와 무능이 그 첫째였다. 그리고 그들은 지금도 군림하고 있다. 줄 서는 솜씨가 과히 귀재인데다가 어떤 국민의 표로 인해. 그리고 이런 원인도 있었다. - 조세 회피처 - 소득의 전부 또는 상당 부분에 대하여 조세를 부과하지 않거나, 세액이 발생 소득의 15/100 이하인 국가나 지역. 익명성으로 탈세, 돈세탁하는 곳. 이곳에서는 법인세 등이 완전히 면제된다.

바로 이 조세 회피처를 통한 자금거래가 크게 작용했다. 한국 탐사저널리즘센터/뉴스타파의 '조세회피처의 한국인들'을 보면 OECD가 2000년 6월 발표한 35개 조세 회피처 국가의 명단과 '예금보험공사'와 산하 '정리 금융공사'가 어떤 짓을 했는지 알 수 있다. (http://www.newstapa.com)에 한번 방문해 보길 바란다.

(Officers & Master Clients, Offshore Entities, Listed Addresses; 국제탐사 보도언론인협회) 등을 이용하여 유령회사(paper company)의 명단을 보거나 자신의 정보를 제보할 수도 있다. 외환위기 때, 정부는 '고통을 함께 나누자.'며 대국민 속임수를 썼다. 나누는 것이 아니라 떠넘겼다. 금 모으기 할 때 '내면 안 된다. 급할 때 써야지. 왜 내. 너무 좋다. 은행금리도 많아지고 월세도 늘고. 싼값에 물건도 사고. 좀 오래오래 갔으면 좋겠다.'라는 기독인, 불자도 많이 보았다.

소나무 이야기? 소나무 전나무 같은 침엽수의 잎에는 독毒이 있어서 다른 식물들이 잘 자라지 못하게 한다. 오늘날 기득권자들과 가진 자들의 독소가 이러하다. 마치 우리의 얼인 양 해놓고는. 양반(兩班)이란 고려·조선 시대의 지배층을 이루던 신분으로 원래 관료 체제를 이루는 동반과 서반을 일렀으나 점차 그 가족이나 후손까지 포괄하여 이르게 되었다. 그때나 지금이나 그들의 영역 권 안에 들어갈 수 없다. 소나무들은 자신들만의 군집을 이루기 위해 다른 나무는 잘 자라지 못하게 하는 특성을 이용, 한 사람(一人)의 부자가 되기 위해 구십구인을 가난한 자로 만들고 있다. 나라의 정해진 부를 인구의 1%가 90%를 가져감으로 남은 10%를 99%가 나누어 가지려니 이렇게 각박하고 희망 품기조차 어렵게 되었다. 최저 임금만이 아니라 최고 임금도 제한해야 한다. 급여든 소유든 상한제로 했으면, 나라에 돈이 없다. 최고 임금을 제한하고 과한 임금은 깎아 그 격차를 줄여야 한다.

의로운 혁명 없이 백일몽이지만. 그러고는 어리석은 백성들에게 소나무의 기상을 빗대어 애국을 가르친다. 전쟁과 난리 땐 그들은 도피하고 백성들은 목숨을 바쳐 지키게 하려고, 세계화시대에 달콤한 즙과 열매는 물론 마지막에는 자신도 아낌없이 주기에 가장 많이 모여드는, 어우러져 살 줄 아는 참나무, 우리나라에만 있는 구상나무, 찔레 등도 있다.

산지기

막바지 이르러 양수(羊水)가 터지더니
겨운 해는 기어(期於)이 노을을 분만(分娩)했다.
기껏 해
허공(虛空)임임에,
새우다 지는 별.

하룻밤에 이지러질 걸 더디 둥글다 탓한 달
어느 땐 애타지 않았으리. 저 부엉새.
주체 못
한 뜬 시름에,
바위 곁 기댄 산객(山客).

풍금(風琴) 타는 소리에 산야(山夜)가 젖어 들고
끄트머리 이른 벗 마지막 애잔함
어둠에
가없이 져가니,
누지는 한 가슴.

*새우다; 샘을 내다. 시새우다. 저보다 나은 이를 미워하고 싫
어하다. 남보다 나으려 서로 다투다.
*하룻밤에 이지러질 걸 더디 둥글다 탓한 달; 송익필의 망월

(望月)에서 취(取)했다.

望月(망월 - 보름달) 宋翼弼(송익필)

未圓常恨就圓遲(미원상한취원지) 둥글지 않을 때는 더디다 탓했더니

圓後如何易就虧(원후여하이취휴) 둥글어진 뒤에는 그리 쉬 이지러지누나.

三十夜中圓一夜(삼십야중원일야) 한 달 삼십일 밤, 둥근 날은 단 하룻밤뿐

百年心事摠如斯(백년심사총여사) 인생 백 년 심사, 이와 같은 것임을.

*宋翼弼; 조선 중기(중종 29~선조 32) 학자.

*산객(山客); 철쭉.

*풍금(風琴); 오르간. 風禽(풍금-바람) 琴은 禽의 해음자(諧音字 - 독음(讀音)이 같거나 비슷한 글자를 사용하여 글의 뜻을 더 잘 나타낸다).

*벗; 나뭇잎. 막 떠난 벗 소식.

*풍금(風琴) 타는 소리; 비바람 소리. 지는 벗들의 허무함에 가슴 무너져 내린다. 산불 걱정이 사라져 가슴을 쓸어내린다. 어둠에 잠긴 비 오는 산야(山夜)가 더 쓸쓸함에 몸과 마음이 젖는다.

*누지다; 습기를 먹어 축축한 기운이 있다. 가슴은, 비바람에 누지 고 지는 벗들에 누진 다.

늙은 경비원(警備員)

오리온과 엇간 꿈에 서리다 희푸른
천오백(千五百) 광년(光年)을, 이운 아르테미스
풀잎에 산산(散散)이 맺힌 오색 눈물이 울컥하다.

깃들려는 잔영(殘影)에 한껏 더 여몄다.
농(濃)익은 빈 둥지, 별들과 떠난 연(緣)
눌눌히 쌓여 익숙하나 늘 낯선 외로움.

강(江)기슭 나무인 양 늦추위에 떠느라
덧얽혀 잇대온 검질긴 칠십(七十) 여(餘) 년(年)
가름 씨 끝 같은 덧붙임, 제치려는 늦둥이.

오로라를 좇아서 땅 끝에 이르니
커피 결에 휩쓸려 심연(深淵)을 잠긴 극야(極夜)
놓으면 새벽이 오러나, 잎 새 이는 파편(破片)으로.

*오리온과 엇간 꿈; (그리스 신화) 바다의 신 포세이돈의 아들
로 사냥꾼인 오리온과 달의 여신 아르테미스의 사랑. 오리온
좌와 달의 거리는 1,500광년이다. 오리온의 포악한 성품을 반
대한 아르테미스의 오빠 아폴론으로 이루지 못한다.
*풀잎에 산산(散散)이 맺힌 오색 눈물이 울컥하다; 긴 밤의 끄
트머리, 오색영롱하게 빛나는 풀잎에 언 이슬방울들이 아르테

미스 눈물처럼 참 서럽게 다가왔다.

*눌눌히; 털이나 풀 따위의 빛깔이 누르스름하게, 무엇을 쌓은 위에 거듭 쌓다.

*강(江)기슭 나무인 양 늦추위에 떠느라; 조선 명종 3년 때 (1548~1622. 광해군 14) 문신, 심희수(沈喜壽)의 도촌취영(陶村醉詠). 도자기 마을에서 취하여 읊다.

不盡玄琴趣(불진현금취) 다하지 못하는 거문고 흥취

無窮白首歡(무궁백수환) 가없는 흰 머리만 탄식하니

扁舟獨歸去(편주독귀거) 거룻배는 홀로 이 떠나고

江樹晩生寒(강수만생한) 강기슭 나무는 늦추위에 떠느나.

- 晩生寒; '이 저녁 추위'로 해석도 하나, 晩生은 늙어서 자식을 낳거나, 선배 앞에 자신을 낮추는 말이다. 晩生子 - 늦둥이. 晩生種 - 같은 작물 가운데서 성장이나 성숙이 보통보다 느린 품종.

- 심희수(沈喜壽 1548년~1622년) 본 청송(靑松) 자 백구(伯懼) 호 일송(一松) 혹은 수뢰루인(水雷累人) 시호 문정(文貞) 父 영의정 심건(沈鍵), 母 정경부인 광주 이씨(廣州 李氏). 부인은 정경부인 광주 노씨(光州 盧氏), 첨정 노극신(盧克愼)의 딸로 슬하에 자녀를 두지 못해 동생 창수(昌壽)의 아들 창(昶)을 양자로 들이나, 여전히 격정(激情)과 이성(理性) 사이에서 끊임없이 방황한다. 일타홍과 정실부인은 서로 매우 다정했으며 홀로이신 시어머니에게도 효부였다고 한다.

경기도 고양시 덕양구 원흥동에 있는 명문대가(名門大家) 청송 심씨 선영에는 놀랍게도 신분사회를 넘는 일개 기녀(妓女)의 비(碑)가 자리하고 있는데 비의 앞면은 '일타홍금산이씨지단' 뒷면에는 그녀의 시와 그녀에 대한 사랑과 죽음을 슬퍼하는 一松의 시가 새겨져 있다.

일타홍은 마음을 잡지 못해 허랑방탕한 심희수의 마음을 다 잡게 하여 그를 과거에 급제시키고는 명문대가(名門大家)인 그의 곁에 머물 수 없음을 알고 떠난다.

1570년(선조 3년) 진사시로 성균관에 들어간 그는 1572년에는 다시 별시 문과 병과로 급제한다. 동부승지로 명나라 말에 능숙한 탓에 이여송을 영접하기도 했으며 이조판서·대제학에 이르러 광해군 때 좌의정을 지냈으며 청백리(淸白吏)로 추앙, 익사공신(翼社功臣) 2등이었으나 남인으로 폐모론에 반대, 정치에 환멸을 느껴 조정을 물러나 一松(한 솔)답게 은거(隱居), 독야청청(獨也靑靑)하였다.

一松과 여류시인 一朶紅에 얽힌, 아릿한 이야기는 후에도 두고두고 회자(膾炙) 되었는데 그녀 시를 읽으면 그녀의 지성(知性)과 심성(心性)이 가슴에 닿는다.

賞月(상월) 달을 바라보며. 일타홍(一朶紅).

亭亭新月最分明(정정신월최분명) 우뚝이 뜬 초승달 무척이나 또렷한데

一片金光萬古情(일편금광만고정) 한 조각 금빛은 세월의 끝없는 정

無限世間今夜望(무한세간금야망) 가없는 세상 이 밤도 보는 달

百年憂樂幾人情(백년우락기인정) 백 년 근심과 즐거움은 그 몇 사람 정이리.

- 폐모론(廢母論); 광해군(光海君 1608~1623 조선 15대 왕), 임진왜란 땐 의병을 이끌었으며 즉위 후 후금과 명나라 사이 중립 외교 노선을 취한 외교적 업적과 전후의 복구와 대동법 실시로 치세에도 일각 했으나 형 임해군과 이복동생 영창대군을 죽이고 계모 인목왕후를 폐위시키는 도덕성을 구실로 일어난, 조선 반정 중 어린 조카 임금을 죽인 세조의 계유정난(이름처럼 난이다)에 이어 가장 명분 없는 반정인 인조반정으로 폐위되었다. 하기야 나라의 태동이 이성계 난이었으니.

그녀의 시 한 수 더 보자.

長霖(장림) 장마. 일타홍(一朶紅).
十日長霖若未晴(십일장림약미청) 열흘의 장마는 개이지 않고
鄕愁蠟蠟夢魂驚(향수납납몽혼경) 고향 오가는 꿈 끝이 없구나.
中山在眼如千里(중산재안여천리) 눈앞이 고향이나 천 리길이니
堞然危欄默數程(첩연위란묵수정) 근심으로 기댄 난간에서 헤아
려보네.

훗날 一松를 극적으로 다시 만난다.
錦江秋雨丹旌濕(금강추우단정습) 금강 가을비 붉은 기 다 젖고
疑是佳人化淚歸(의시가인화루귀) 임은 눈물로 다시 돌아 왔네.
십여 년을 그리 살다가 一松를 권하여 그녀 고향 금산으로 내
려가 여생을 함께 보내는 중 먼저 떠나자 심희수는'나와 가문
을 일으킨 여인'이라며 집안을 설득하여 선영에 안치한다.
빼어난 미모에 뛰어난 기예(技藝)를 바탕 한 헌신적 사랑으로
방탕하고 의지박약한 15세 소년 심희수를 일깨워 학문의 길
로 인도한, 정신적 지주로서 조선 중기 정계에 우뚝 선, 청백
리(淸白吏)로 만든, 어우당 유몽인 『어우야담』에 수록돼 있다.

 이는 一松이 상여에 실려 나가는 一朶紅을 눈물로 보내며 읊
은 有悼(유탁 이별의 눈물)이라는 詩이다.
一朶芙蓉載柳車(일타부용재유거) 한 연꽃이 버들상여에 실리니
香魂何處去躊躇(향혼하처거주저) 향긋한 넋이 가다 머뭇대누나.
錦江春雨丹旌濕(금강춘우단정습) 금강 봄비에 붉은 명정 젖고
應是佳人別淚餘(응시가인별루여) 그리운 임 이별 눈물이려나.
- 錦江의 錦(비단 금)과 丹旌(붉은 명정)이 잘 어우러지는 수
작(秀作-빼어난 작품)이다.
- 명정(銘旌); 죽은 사람의 관직과 성씨 따위를 적은 기. 일정
한 크기의 긴 천에 보통 다홍 바탕에 흰 글씨로 쓰며, 장사
지낼 때 상여 앞에서 들고 간 뒤에 널 위에 펴서 덮고는 함께

묻는다.

 뛰어남이 조금 기이하고 별난 탓인지 그녀가 一松을 선택했을 때 그동안 그녀에게 손을 내민 다른 사대부들도 의아했다.

"네가 누굴 따르든 네 뜻이다마는 그자, 그 난봉꾼은 아니지 않느냐?"

 심지어 다른 동료 기녀들마저 반대했다.

"왜, 하필 그 난봉꾼을?"

 一朶紅이 갑작스러운 병으로 죽었는지, 혹자들 말처럼 오랫동안 낭군을 독차지함으로 본부인에 대해 죄스러움으로 자살했는지는 불명하다.

 청송 심씨는 조선 시대 세종비 소헌왕후, 명종비 인순왕후, 경종비 단의왕후 등 3명의 왕비와 문과 급제자 194명을 배출했다. '왕후를 몇 배출했느냐?'나 '과거 급제는 얼마나?'가 명문의 평가 기준이었는데 둘 모두 앞섰으니 참 명문세족이다.

*가름씨끝; 분간 의미. 같은 뜻을 나타내면서 자음과 모음 뒤에서 각각 다른 꼴로 어미. '가니', 잡으니'에서 '-니', '-으니' 따위이다. 여기서는 아들, 그리고 대를 잇지 않으려 하다.

*오로라(aurora); 극광(極光). 극지방의 태양으로부터의 대전입자(帶電粒子)가 대기를 이온화하여 일어나는 현상, 빨강·파랑·노랑·분홍·연두색 등의 발광현상. 여기서는 꿈·희망을 뜻함.

*심연(深淵); 깊은 못. 좀처럼 헤어나기 힘든 깊은 구렁.

*극야(極夜); 고위도 지방이나 극점 지방에서 추분부터 춘분 사이에 오랫동안 해가 뜨지 않고 밤만 계속되는 상태.

 이날은, 노을이 막 져갈 즈음 채 남은 햇살을 덮은 구름 탓에 마치 극야의 밤과 같았다. 그리 시작한 유난히 긴 밤, 들고 있는 잔을 놓으면 커피 결에 잠긴 밤이 깨어져 잎 새에 이는 새벽의 파편이 되려나 싶었으나, 파편이 된 것은 잔과 커피였다. 밤은 더 깊이 잠기고….

노로가(老老歌)

서녘의 강산(江山)은 만고(萬古)에 유유(悠悠)한데
춘경(春卿)과 낙천(樂天)의 만망(晩望)에 저문 해
상천(上川)을 뜬 일엽주(一葉舟)는 둥실거림이 가없다.

혹여(或如), 뒤늦었을지나 문풍지(門風紙) 갈고서
겹 커튼 내리친 한껏 한 채비에
하 붕붕 거리더니만, 틈으로 스민 한기(寒氣).

달빛 젖은 청녀(青女)의 애잔한 자태(姿態)에
나와 거울이 서로 불쌍히 여기니
피안(彼岸)의 구름 춤추는 한 하얀 까마귀.

*노로가(老老歌); 늙음을 노래하다. 이규보와 백거이의 만망….
*만고(萬古); 매우 먼 옛날. 아주 오랜 세월 동안. 세상에 비길
데가 없음.
*춘경(春卿)과 낙천(樂天); 이규보(李奎報) 白居易(백거이).
*상천(上川); 상천(上天 - 하늘). 川은 天의 해음자(諧音字).
*일엽주(一葉舟); 일엽편주(一葉片舟). 조각배. 조각달
- 晩望(만망 - 해 질 녘). 이규보.
李杜嘲啾後(이두조추후) 이백(李白)과 두보(杜甫)가 시를 짓고
乾坤寂寞中(건곤적막중) 천지는 온통 적막 속이네.
江山自閑暇(강산자한가) 강산은 스스로 한가로우니
片月掛長空(편월괘장공) 조각달이 가없는 하늘에 걸렸네.

- 이규보(李奎報, 1169년 1월 15일(음력 1168년 12월 16
일~1241년 10월 8일(음력 9월 2일) 고려의 문신. 본관 황려
(黃驪). 초명 이인저(李仁氐) 字 춘경(春卿) 호 백운거사(白雲居
士)·백운산인(白雲山人) 시호는 문순(文順)로 최씨 무인 정권에
참여하여 기회주의자이란 말과 기개(氣槪)가 있다는 양극의 평
을 받고 있다.

　그는 고전의 좋은 구절을 인용(引用)하여 시를 짓자는 이인로
의 용사론(用事論)과는 다르게 자신의 표현을 써야 한다는 신
의론(新意論)을 주장하며 기존 한시에서는 쓰지 않았던 독창적
이면서도 탁월한 표현이 많다. 그의 회문시(回文詩 - 앞에서
뒤로 또는 뒤에서 앞으로 읽어도 의미가 통하는 한시) 미인원
만 보더라도 그 파격적 형태와 뛰어난 필력(筆力)이 가(可)히
경탄(敬歎)할만하다.

美人怨(미인원 - 미인의 원망) 회문시(回文詩) 順讀(바로 읽기).
腸斷啼鶯春(장단제앵춘) 애간장 다 끊어지는 꾀꼬리 우는 봄날
落花紅簇地(락화홍족지) 떨어지는 꽃잎들이 온 땅 다 덮네.
香衾曉枕孤(향금효침고) 향내 이불 새벽 잠자리는 외로우니
玉臉雙流淚(옥검쌍류루) 옥 같은 뺨에 눈물만이 흐르네.
郎信薄如雲(랑신박여운) 믿지 못할 뜬구름 같은 임의 약속
妾情搖似水(첩정요사수) 마음은 물처럼 일렁이니
長日度與誰(장일도여수) 긴 긴 이 밤 누구와 함께 하며
皺却愁眉翠(추각수미취) 수심에 주름진 눈썹 물리쳐 보러나.

逆讀(역독 - 거꾸로 읽기).
翠眉愁却皺 (취미수각추) 푸른 눈썹 수심 겨워 주름져 있고
誰與度日長 (수여도일장) 누구와 함께하리 긴긴밤
水似撓情妾 (수사요정첩) 강물처럼 일렁이는 마음
雲如薄信郎 (운여박신랑) 구름 같은 신의 없는 임의 마음
淚流雙臉玉 (누류쌍검옥) 옥 같은 눈물 흐르는 두 뺨

孤枕曉衾香 (고침효금향) 외로운 새벽 잠자리 이불의 향
地簇紅花落 (지족홍화락) 땅 가득 붉은 꽃이 지고
春鶯啼斷腸 (춘앵제단장) 봄 꾀꼬리 울음에 애간장 녹누나.

- 이규보가 이인로도 참석한 어느 모임에 참석했다가 뜻밖의 제안을 받는다. '여기 오세재(吳世才)가 빠졌으니 자네가 메워 주겠는가?' '칠현(七賢)이라는 것이 나라의 무슨 벼슬입니까? 메우다니요? 혜강(嵇康)과 완적(阮籍)을 이은 이가 있었다는 말은 듣지 못했습니다.'라며 주어진 '춘(春)'과 '인(人)'두 자 운(韻)으로 詩를 지었다.
榮參竹下會(영참죽하회) 영광스레 참석한 죽림의 모임
快倒甕中春(쾌도옹중춘) 즐거이 술동이에 빠져드나
未識七賢內(미식칠현내) 알지 못한다네. 칠현 중에
誰爲鑽核人(수위찬핵내) 그 누가 자두 씨를 뚫은 이 인지.
- 자두 씨를 뚫은 이; 죽림칠현 중에 왕융(王戎)은 재능과 부를 가졌으나 인색했다. 뜰에 열리는 달콤한 자두를 시장에 내다 팔면서도 누가 씨를 심을까 송곳으로 일일이 씨앗에 구멍을 냈다.
 현실을 도피한 척 하고는 죽림칠현(竹林七賢)을 본떠 해좌칠현(海左七賢)이라 칭하였으나 욕망의 씨앗은 가슴에 감추고 한 자리를 얻으려 무신정권 실세들 주변을 눈치나 보며 맴도는 이들을 이규보가 은근히 비꼬았다. 이인로는 '어린놈이 그 얄은 재주로.'라며 비난하자 이규보는 취한 척 소리 내 비웃으며 나왔는데 이것이 이인로와 첫 만남이었다. 그때 이인로는 35세, 이규보는 19세 약관이었다.
- 혜강(嵇康, 223년~262년); 자 숙야(叔夜) 조위의 철학자·작가·시인. 죽림칠현 중 한 사람으로 위나라 공주(패목왕의 손녀)와 결혼했다. 『양생론(養生論)』『여산거원절교서(與山巨源絶交書)』 수많은 철학·정치적 논문과 서간문을 썼다. 그는 여소

(呂昭)의 아들 여손(呂巽)의 동생 여안(呂安)과 친했는데 여손이 친동생 여안의 아내와 간음하는 동생을 불효 죄로 무고해 가두자 여안을 변호하다가 사마소에 의해 40세의 나이에 여안과 함께 처형되었다.

저서는 『고사전』『성무애락론』이 있는데 『성무애락론』은 음악은 감정보다 이(理)의 중요성을 논한 것으로 유교의 '음악은 사람의 감정을 지배하기에 가려서 들어야 한다.'는 이론을 논박했다.

- 완적(阮籍, 210년~263년); 위나라 말(末) 시인. 자 사종(嗣宗), 진류(陳留) 사람이다. 혜강과 함께 죽림칠현 중심인물로 부친 완우는 조조를 섬긴 건안칠자의 한 사람이었다. 아첨꾼 혜희는 백안시(白眼視)했으나, 아우 혜강은 청안(靑眼)으로 대했다는 청안백안(靑眼白眼)의 고사는 유명하다. 혜강과 함께 죽림의 중심을 이루었다. 『도덕론(道德論)』『통로론(通老論)』『달장론(達莊論)』『대인선생전(大人先生傳)』등 노장적 세계를 그렸다. 당(唐) 진자앙(陳子昂)의 『감우시(感遇詩)』38편, 이백의 『고풍(古風)』59편 등의 시풍은, 자기표현의 형태를 취했음을 알 수 있다. 죽림칠현 중에 가장 은자적(隱者的)이었다.

- 白居易(백거이)는 晩望을 이리 노래했다.
江城寒角動(강성한각동) 강변을 흐르는 차디 찬 피리 소리
沙州夕鳥還(사주석조환) 모래섬에는 저녁 새가 둥지 찾네.
獨在高亭上(독재고정상) 홀로 이 높은 정자에 올라서
西南望遠山(서남망원산) 서 남녘의 먼 산을 바라보네.
- 白居易(백거이, 772~846); 백거이(白居易, 772년~846년) 자(字)는 낙천(樂天)이고, 호는 취음선생(醉吟先生), 향산거사(香山居士) 등, 당나라 뤄양(洛陽) 부근 신정(新鄭)에서 가난한 학자 집안에서 태어나 5, 6세 때 시를 짓고, 9세 때에 호율(號律)을 깨달을 정도로 명석했다.

관직을 떠난 74세에 자신의 글을 모아 『백씨문집(白氏文集)』 75권을 완성하고는 이듬해 생을 마친다.

그는 다작(多作) 시인이었다. 현존하는 문집이 71권, 작품은 총 3,800여 수로 당대(唐代) 시인 중 최고 분량에 내용도 다양하다. 벗 원진(元稹), 유우석(劉禹錫)과 지은 「장한가(長恨歌)」와 「비파행(琵琶行)」으로 가장 뛰어난 시인이라 일컬음, 받았으며 현종(玄宗)과 양귀비 사랑을 노래한 「장한가」외 『백시장경집』50권, 2,200여 시를 남겼다.

*하; 기쁨·슬픔·놀라움·안타까움·걱정·염려 따위의 감정을 나타내는 소리.

*붕붕하다; 문풍지 따위가 떠는 소리가 나다. 벌과 같은 작은 곤충 따위가 나는 소리가 나다.

*청녀(靑女); (민속) 서리를 맡아 다스리는 女神. '서리'의 딴 이름. 단풍은 절정이며 국화가 만발한 가을의 끝자락 이십사절기 중 상강(霜降)에는 서리가 내린다.

*나와 거울이 서로 불쌍히 여기니; 形影自相憐. 젊은 여인 청녀 앞에 선 두 늙은이.

照鏡見白髮(조경견백발) 거울에 비친 백발을 보다. 張九齡

宿昔靑雲志(숙석청운지) 지난날 청운의 뜻을 품었었으나

蹉跎白髮年(차타백발년) 머뭇머뭇한 사이 벌써 백발이로고

誰知明鏡裏(수지명경리) 누가 생각 했으리 거울 앞에 서서

形影自相憐(형영자상련) 나와 거울이 서로 불쌍히 여기리라.

- 宿昔; 옛날. - 靑雲志; 출세에의 뜻. - 蹉; 넘어지다. 여기서는 때를 잃다.

- 장구령(張九齡); 당 현종, 재상(713~736년) 장구령이 정적들에 의해 벼슬에서 물러나 지난 60여 년의 날을 회고하며 읊은 시이다. 그는 이 시를 읊은 4년 후 졸(卒)했다.

*흰 까마귀; 수호(守護)와 죽음 양면을 가진 새. 죽음을 앞둔

한때 수호자인 백발의 늙은이.

*하얀 까마귀; 백발(白髮).

*피안(彼岸)의 구름 춤추는 새하얀 까마귀; 백발(白髮)이 흩날리다. 세월의 무상(無常) 속에 늙음을 승화(昇華)하다.

*피안(彼岸); (불교) 사바세계 저쪽에 있는 깨달음의 세계. (불교) 이승의 번뇌를 해탈하여 열반의 세계에 이름, 또는 그런 경지. (철학) 현실적으로 존재하지 아니하는 관념적인 세계.

- 도피안(到彼岸); (불교) 바라밀다(波羅蜜多). 태어나고 죽는 현실의 괴로움에서 번뇌와 고통이 없는 경지인 피안으로 건넌다는 뜻으로, 열반에 이르고자 하는 보살의 수행.

- 선악의 피안(善惡의 彼岸); (철학) 독일 철학자 니체가 쓴 말로 '선악을 초월하여 대립과 차별이 없는 경지. 도덕적 판단은 상대적으로 타당할 뿐이며, 절대적인 진리에서 볼 때 도덕의 궁극적 이상은 선악의 피안에 있다'는 뜻이다.

- 『선악의 피안(善惡의 彼岸)』; 1886년 니체가 쓴 철학서. 도덕을 군주 도덕과 노예 도덕으로 나누어 노예 도덕으로 격하(格下)한 기독교 도덕의 선악(善惡) 기준을 부정하고 새로운 도덕, 군주 도덕을 펼치려 했다.

- 니체(Nietzsche, Friedrich Wilhelm); 독일 철학자·시인(1844~1900), 실존 철학의 선구자로, 기독교적·민주주의적 윤리를 약자의 노예 도덕으로 간주하고 강자의 군주 도덕을 찬미하였으며, 그 구현자를 초인(超人)이라 명하였다. 근대의 극복을 위하여 '신은 죽었다'고 선언하고, 피안적인 것에 대신하여 차안적인 것을 본질로 하는 생을 주장하는 허무주의에 의하여 모든 것의 가치 전환을 시도하였다. 저서 『비극의 탄생』『자라투스트라는 이렇게 말했다』 등이 있다.

- 니체주의(Nietzsche 主義); (철학) 초인주의. 초인의 본연의 자세를 이상으로 삼아 살아갈 것을 역설한 니체의 철학 사상. 초인은 기독교에 대신하는 인류의 지배자이므로 백성은 거기

에 복종하여야 한다는 사고방식이다.

- 니체주의자(Nietzsche 主義者); 니체주의를 따르거나 주장하는 사람.
- 니체주의적(Nietzsche 主義的); 니체주의의 성향을 띠는. 또는 그런 것.
- 이바노프(Ivanov, Vyacheslav Ivanovich); 소련의 철학자·시인(1866~1949)이다. 러시아 상징주의의 최고 지도자로, 니체, 노발리스 등의 영향을 받아 과학적 신비주의의 색채가 강한 개인적인 종교 철학을 끌어냈다. 시집에 『코르 아르덴스』 『인도하는 별』 『투명』 따위가 있다.
- 실존주의(實存主義); (철학) 19세기의 합리주의적 관념론이나 실증주의에 반대하여, 개인으로서의 인간의 주체적 존재성을 강조하는 철학이다. 19세기의 키르케고르와 니체, 20세기 독일의 하이데거와 야스퍼스, 프랑스의 마르셀과 사르트르 등이 대표자이다. 실존 철학의 사조나 경향. 독일에서는 실존 철학이라고 하며 야스퍼스가 쓰기 시작하였고, 프랑스에서는 철학 외에도 문학과 종교를 포함하여 실존주의라고 이른다.
- 생물학주의(生物學主義); (철학) 한 수단이라고 풀이하는 인식론의 한 견해. 니체의 초인주의, 베르그송의 직관 철학이 그 대표적인 학설이다. (사회 일반) 생물학적 입장에 근거하여 사회 현상을 설명하는 이론. 사회 유기체설, 사회 다위니즘 따위가 있다.
- 다위니즘(Darwinism); 자연 선택과 적자생존을 바탕으로 진화의 원리를 규명한 이론. 영국의 생물학자 다윈이 주장하였다.
- 사회 다위니즘(社會Darwinism); 다윈의 자연 선택, 생존 경쟁 이론을 인간 사회 문제에 적용한 이론.
- 네오다위니즘(Neo-Darwinism); 다윈의 진화론을 수정한 독일 생물학자 바이스만(Weismann, A.)의 학설. 개체 변이의

유전이 잘못되었음을 지적하여 획득 형질은 유전되지 않으며 변이는 자연 선택에 의한다고 주장하였다.
- 바이스만(Weismann, August Friedrich Leopold); 독일의 발생학자·유전학자(1834~1914)로 획득 형질의 유전을 전면적으로 부정하고 생식 세포만이 유전한다고 주장하여 독자적인 진화 학설을 전개하였다. 저서 『생식질(生殖質)』 『진화론 강의』 따위가 있다.
- 바이스마니즘(Weismannism); 다윈의 진화론을 수정한 독일 생물학자 바이스만(Weismann, A.)의 학설. 개체 변이(個體變異)의 유전이 잘못되었음을 지적하여 획득 형질(獲得形質)은 유전되지 않으며 변이는 자연 선택에 의한다고 주장했다.
- 디지털 다위니즘(digital Darwinism); 인터넷상에서 필요한 정보를 무한히 모을 수 있어서 희소성의 원칙이 배제되기 때문에 이러한 공급 초과 상황에서 다윈주의의 적자생존 원칙이 적용되는 현상을 이른 말.

생몰(生沒)을 알 수 없는 독일 시인(?) 트프리트 폰 슈트라스부르크(Gottfried von Strassburg)도 영원한 피안(彼岸)에 이르는 기사도적 사랑의 이상을 추구해 서사시 「트리스탄과 이졸데」를 남겼다.
에드먼드 레이튼(Edmund Blair Leighton)의 트리스탄과 이졸데(Tristan and Isolde)도 1902년 이를 그렸는데 이는 「성배」나 「아서왕」과 함께 중세 유럽 서사문학 많은 소재 중의 하나이었다.
특히 프랑스와 독일의 수많은 시인이나 작가들이 다양한 장르의 이 소재로 이야기를 꾸몄다.
「기사 트리스탄(Tristan)과 이졸데(Isolde)의 비련(悲戀)」의 이야기 기원은 동양이나 게르만 문화, 그리고 켈트 문화로부터 추정하나 켈트 기원론에 가장 큰 무게를 두고 있다.

 이는 지리적·역사적인 단서로 「가트나인의 아들 카노의 이야기(Scéla Cano meic Gartnáin)」또한, 콘월의「DRVSTANVS HIC IACIT CVNOMORI FILIVS(이곳에 쿠노모루스의 아들인 드루스타누스가 잠들어 있다」라는 비문의 선돌(트리스탄 선돌)이 발견되어 이를 뒤받침하고 있다. 켈트어의 라이(lai, 8음절로 구성된 중세 유럽의 시 형태)로부터 프랑스 북부와 앵글로노먼의 음유시인들에게 전파되었을 가능성이 있다.

 이를 1210년경의 중세 독일어 운문소설 「트리스탄(고트프리트 폰 슈트라스부르크)」나 1865년 리하르트 바그너는 「트리스탄과 이졸데」라는 오페라(악극)로 초연했다.

 죽음과 피안(彼岸)의 소재(素材), 피안은 동서양을 무론 하고 추구했으며 바람에 나르는 백발은 이승에서 추는 마지막 피안 춤이다.

- 옛 평시조, 탄로가(嘆老歌 - 늙음을 한탄하다) 한 수.
춘손(春山)에 눈 노긴 ㅂ롬 우탁(禹倬).
춘산(春山)에 눈 노긴 ㅂ룸 건둣 불고군ᄃᆡ 업다
져근 둣 비러두ᄀ 불리고ᄌ ᄆ리우희(머리위에)
귀 밋ᄐᆡᄒᆡ무근 서리를 노겨 볼ᄀ ᄒᄂ로ᄅ
- 우탁(禹倬, 1262~1342); 고려 후기 문신. 본관 단양, 자 천장(天章)·탁보(卓甫), 호 백운(白雲)·단암(丹巖). 단양 우씨 시조 우현(禹玄)의 7대손. 충선왕이 부왕의 후궁 숙창원비(淑昌院妃)와 통간하자 백의(白衣)를 입고 도끼를 들고 거적자리를 짊어진 채 대궐로 들어가 극간을 하였다. 경사(經史)에 통달, 뛰어난 역학자로 후진을 가르쳤다. 단양 팔경의 하나인 사인암(舍人巖)은 그가 고려 말기에 사인 벼슬로 있을 때 이름이 붙여졌다. 후에 1570년(선조 3) 예안 역동서원(易東書院)이 이황(李滉)에 의해 창건되었다.

- 이에 조조의 귀수수는 어떠한가? 과히 늙은 영웅의 풍모(風貌)가 아닌가?

步出夏門行(보출하문행 - 남문을 지나며) 龜雖壽 曹操(귀수수 조조)

神龜雖壽 猶有竟時(신귀수수 유유경시) 거북이 신령해 장수할지나 죽을 때 있고

騰蛇乘霧 終爲土灰(등사승무 종위토회) 이무기가 구름을 타고 오른 다나 끝내는 흙과 재가 되나니

老驥伏櫪 志在千里(노기복력 지재천리) 준마 늙어 마구간에 엎드릴지나 뜻은 천 리를 치닫고

烈士暮年 壯心不已(열사모년 장심불이) 열사 비록 늙었으나 그 큰 포부는 그침이 없도다.

盈縮之期 不但在天(영축지기 부단재천) 삶의 차고 기움이 어이 하늘에만 달렸으리.

養怡之福 可得永年(양이지복 가득영년) 몸과 마음을 다스린다면 긴 세월 이어갈 수 있으리

幸甚至哉 歌以詠志(행심지재 가이영지) 이 더할 나위 없는 행복함을 노래로 그 마음 읊으리.

老驥伏櫪 志在千里 烈士暮年 壯心不已 가(可)히 명구이다.

- 기회에 서양(西洋) 노로가 명시(名詩) 하나 보았으면 한다. 임종을 앞둔 아버지를 위한 시이다.

Do not go gentle into that good night.
- Dylan Thomas.
쉬이 good night이라며 어둠을 받아들이지 마십시오.

Do not go gentle into that good night
쉬이 good night이라며 어둠을 받아들이지 마십시오.
Old age should burn and rave at close of day

늙은이는 저무는 빛에 저항하고 소리쳐야 하나니
Rage, rage against the dying of the light.
분노하고 분노하십시오, 사그라져가는 빛에.

Though wise men at their end know dark is right,
지혜로운 이는 자신의 마지막 어둠을 알지나
Because their words had forked no lightning they
그들의 언어가 비록 빛을 잃었을지언정
Do not go gentle into that good night.
쉬이 good night이라며 어둠을 받아들이지 마십시오.

Good men, the last wave by, crying how bright
선한 이는 마지막 파도 곁에서 우나니
Their frail deeds might have danced in a green bay,
그들의 덧없음이 푸른 강변에서 얼마나 밝게 춤출 것 같이
Rage, rage against the dying of the light.
분노하고 또 분노하십시오. 사그라져가는 빛에.

Wild men who caught and sang the sun in flight,
거친 이는 나는 태양을 붙들어 노래하고
And learn, too late, they grieved it on its way,
때늦게, 태양은 간다는 이 슬픈 사실을 알게 되나니
Do not go gentle into that good night.
쉬이 good night이라며 어둠을 받아들이지 마십시오.

Grave men, near death, who see with blinding sight
엄숙한 이는, 죽음을 맞아 먼 시선을 뜨고
Blind eyes could blaze like meteors and be gay,
눈먼 눈은 유성처럼 불타 즐거움을 알게 되나니

Rage, rage against the dying of the light.
분노하고, 분노하십시오, 사그라져가는 빛에.

And you, my father, there on the sad height,
그리고 아버지, 저 슬픈 높은 곳에서
Curse, bless, me now with your fierce tears, I pray
격한 눈물로 나를 축복하고 책망하십시오.
Do not go gentle into that good night.
쉬이 good night이라며 어둠을 받아들이지 마십시오.
Rage, rage against the dying of the light.
분노하고, 분노하십시오, 사그라져가는 빛에.
- 이 시는 2014년 개봉한, 황폐해가는 지구로 새로운 별을 찾기 위해 웜홀을 통해 우주여행을 떠나는, 미국의 SF 영화 인터스텔라로 알려졌다.
- 딜런 말레이스 토머스(Dylan Marlais Thomas, 1914년 10월 27일~1953년 11월 9일); 영국 웨일스의 1940년대 신낭만주의 대표적 시인으로 쉬르리얼리즘 풍의 시를 많이 썼으며 시집 『사랑의 지도』 『죽음과 입구』 등과 자전적 소설 『강아지 같은 예술가의 초상』이 있다.
- 쉬르리얼리즘(surrealism); 비합리적인 잠재의식이나 꿈의 세계를 탐구하여 표현의 혁신을 꾀한 예술 운동. 제일 차 세계 대전(第一次世界大戰) 후 프랑스를 중심으로 일어났으며 다다이즘(dadaism)에 기원을 두고 있다. 기괴한 주제나 꿈, 환영(幻影), 무의식의 시각 따위를 이용하여 낯익은 사물들을 비논리적 관계 속에 몰아넣음으로써 현실의 관습적 이해가 가진 가시적 현상을 폭로하려 하였다.
- 다다이즘(dadaism); 모든 사회적·예술적 전통을 부정하고 반이성(反理性), 반도덕, 반예술을 표방한 예술 운동으로 제일 차 세계 대전 중 스위스 취리히에서 일어나 1920년대 유럽에

서 성행했다. 브르통·아라공·엘뤼아르·뒤샹·아르프 등이 참여했
으나 후에 초현실주의에 흡수되었다.

- 브르통(Breton, André); 프랑스 시인(1896~1966). 1924
년 〈초현실주의 선언〉을 발표하여 초현실주의 운동을 주도하
였다. 작품에 『광기의 사랑』『나디아』 등이 있다.

- 아라공(Aragon, Louis); 프랑스 시인·소설가(1897~1982).
다다이즘 운동·초현실주의에 참여하였다가 후에 공산당에 입
당하고 제이 차 세계 대전 중 반파시즘 운동에 참여하였다.
소설『공산주의자』 시집 『단장(斷腸)』 등이 있다.

- 엘뤼아르(Éluard, Paul); 프랑스 시인(1895~1952). 다다이
즘, 초현실주의 운동을 일으켰으며, 뒤에는 공산주의자로 전향
하였다. 『고뇌의 수도(首都)』『시와 진실 1942년』 등이 있다.

- 뒤샹(Duchamp, Marcel); 프랑스 태생 미국화가·조각가
(1887~1968). 입체파의 형태 분할과 미래파 운동의 동시성
(同時性) 표현을 결합한 「계단을 내려오는 나부(裸婦)」로 주목
을 끌었으며 미국 다다이즘 운동의 선구자로 활약하였다.

- 아르프(Arp, Hans); 독일 태생 프랑스 조각가이자 화가
(1887~1966). 다다이즘의 창시자로, 초현실주의 운동에 참
여, 극단적으로 단순화한 형체로 인간의 생명력을 상징하였다.

- 초현실주의(超現實主義); 제일 차 세계 대전 뒤에, 다다이즘
의 격렬한 파괴 운동을 수정하여 발전시킨 예술 운동. 인간을
이성의 굴레에서 해방하고, 파괴와 창조가 함께 존재할 수 있
는 '지고(至高-더할 수 없이 높은)'을 추구했다. 문학의 경우
이성의 속박에서 벗어나 비합리적이나 의식 속에 숨어 있는
비현실의 세계를 자동기술법과 같은 수법으로 표현하였다.

　이렇게 보면 『잃어버린 꿈에 피는 꽃』의 많은 시는 용사론
(用事論)과 신의론(新意論), 어느 한 쪽만을 치우치지 않고 모
두 받아들인 셈이다.

가슴 아린 한 편의 시.
http://ckapha.org/freeboard/141780.(캘리포니아 한인 약
사회)에서 퍼 오다. 바닥까지 폈건만, 이내 가득 차 있다. 그
들의 선한 미소로 인해선가? 화수분인 양.

어느 여인의 일생 - a Long-Term care patient's story.
스코틀랜드 양로원. 어느 늙은 여인의 詩
스코틀랜드 던디시에서 가까운 작은 병원 노인 병동에서 별
로 소중한 물건이나 재산이라고는 없는 한 할머니가 돌아가셨
습니다. 간호사들이 조촐한 그 할머니의 짐을 정리든 중 이
시를 보게 되었습니다.
내용에 감동된 간호사들에 의해 복사된 이시는 병원의 모든
간호사에게 전달되었답니다.
한 간호사가 이 시를 아일랜드로 가지고 갔고, 후세에 남길
그 할머니의 하나밖에 없는 유산은 북아일랜드 정신 건강 협
회 뉴스 잡지의 크리스마스 판에 올랐습니다.
간단하면서도 마음을 움직이는 이 시는 동영상으로 만들어져
서 소개도 되었고, 이 세상에 남길 것이 아무것도 없었던 스
코틀랜드 할머니의 시는 작가 불명의 시로 인터넷을 통해 온
세계로 전해지고 있다고 합니다.

무엇을 보나요, 간호사들? 무엇을 보나요?
당신이 나를 볼 때 무슨 생각 하나요?
현명하지 못하고 투정 부리는 늙은이,
변덕스러운 성질과 초점 없는 눈을 가진?
음식을 질질 흘리고 대답도 빨리 못하는 당신이
목청 높여 말할 때면'당신이 좀 더 노력하기를 바랐다오!
보기에는 당신이 하는 일을 모르는 것 같고
양말짝이나 신발짝도 항상 잃어버리는?

저항하던지, 말든지, 당신의 뜻대로
목욕도 시키고 음식도 먹이며 긴 하루를 채워야 하는?
당신은 그렇게 생각하시나요? 당신은 그렇게 보시나요?
그렇다면 눈을 뜨세요, 간호사, 나를 보고 있지 않아요.
당신의 명으로 행동하고, 당신의 의지대로 먹으며
여기에 꼼짝하지 않고 앉아 내가 누군지 말해 줄게요.
나는 열 살 된 작은 아이로 아버지와 어머니
남, 형제와 여형제들로 화목한 가족을 가졌다오
곧 사랑하는 사람을 만날 행복으로
날아갈 것 같이 꿈 많은 소녀 열여섯
평생 지키겠다 약속한 그 언약을 기억하며
가슴 설레는 곧 스무 살 될 신부
편안하고 행복한 가정으로 돌보아 주어야 할
내 작은 아이들이 있는, 이제 스물다섯
삼십의 여인, 빠르게 자란 내 아이들은
오래도록 남아 있을 사랑의 끈으로 서로를 묶었고
사십 살에, 어렸던 아들들은 자라서 집을 떠났지만
내 남편이 옆에 함께 하기에 슬퍼하지 않았어요.
오십 살에 다시 한번, 아기들은 내 무릎 밑에서 놀고
내 사랑하는 그이와 나는 다시 아이들을 보았지요.
내게 침울한 날들은 다가왔고, 내 남편은 죽고
내 장래를 바라보며 난 두려움에 몸서리쳤다오.
나의 아이들은 모두 자기들의 아이들을 키우고 있었고
난 내가 가졌던 사랑과 지난날들을 회상했지요.
난 이제 늙은 여자, 현실은 잔혹하고
이 조롱거리 늙은이를 어리석게 만들지요.
몸은 망가지고 우아함과 활기는 떠나,
한때 심장이 있던 곳은 이제 돌이 되었다오.
이 늙은 시체 속에는 어린 소녀 아직도 살아 있고

지금 그리고 다시, 찌그러진 이 가슴 부풀어 온다오.
즐거웠던 일들 기억하고 아팠던 때를 기억하며,
나는 사랑하고 인생을 또다시 살아간다오.
너무나 짧고 빨리 지나간 지난날을 생각하며
아무것도 영원할 수 없는 사실을 받아들였다오.
그러니 눈을 떠세요, 사람들, 눈을 뜨고 보세요.
투정 부리는 늙은이로 보지 말고 가까이서 '나'를 보세요!

"An Old Lady's Poem"
When an old lady died in the geriatric ward of a
small hospital
near Dundee, Scotland, it was believed that she had
nothing
left of any value. Later, when the nurses were going
through
her meager possessions, they found this poem.
Its quality and content so impressed the staff that
copies
were made and distributed to every nurse in the
hospital.
One nurse took her copy to Ireland. The old ladys
sole
bequest to posterity has since appeared in the
Christmas
edition of the News Magazine of the North Ireland
Association
for Mental Health. A slide presentation has also been
made
based on her simple, but eloquent, poem and this

little
old Scottish lady, with nothing left to give to the world, is now
the author of this "anonymous" poem winging across the internet:
What do you see, nurses? What do you see?
What are you thinking when you're looking at me?
A crabby old woman, not very wise,
Uncertain of habit, with faraway eyes?
Who dribbles her food and makes long reply
When you say in a loud voice, "I do wish you'd try!"
Who seems not to notice the thing that you do,
And forever is losing a stocking or shoe?
Who, resisting or not, lets you do as you will,
with bathing and feeding, the long day to fill?
Is that what you're thinking? Is that what you see?
Then open your eyes, nurse, you're not looking at me.
I'll tell you who I am as I sit here so still,
As I do at your bidding, as I eat at your will.
I'm a small child of ten with a father and mother,
Brothers and sisters, who love one another.
A young girl of sixteen with wings on her feet
Dreaming that soon now a lover she'll meet
A bride soon at twenty, my heart gives a leap,
Remembering the vows that I promised to keep
At twenty-five now, I have young of my own,
who need me to guide and a secure happy home.
A woman of thirty, my young now grown fast,

Bound to each other with ties that should last.
At forty, my young sons have grown and are gone,
But my man's beside me to see I don't mourn.
At fifty once more, babies play round my knee,
Again we know children, my loved one and me.
Dark days are upon me, my husband is dead,
I look at the future, I shudder with dread.
For my young are all rearing young of their own,
And I think of the years and the love that I've
known.
I'm now an old woman and nature is cruel:
'tis jest to make old age look like a fool.
The body, it crumbles, grace and vigor depart,
There is now a stone where I once had a heart.
But inside this old carcass a young girl still dwells,
And now and again, my battered heart swells.
I remember the joys, I remember the pain,
And I'm loving and living life over again.
I think of the years all too few, gone too fast,
And accept the stark fact that nothing can last.
So open your eyes, people, open and see,
Not a crabby old woman; look closer. see ME!

옛 페르시아 왕궁에 한 어릿광대가 있었습니다. 왕은 천하를
다 가졌으나 늘 공허(空虛)한 마음을 광대놀음으로 채우고 있
었습니다. 이도 공허한 왕이 어느 날 광대에게 작은 황금 막
대를 내밀었습니다.
"이제 이 궁을 떠나 천하를 다니며 너보다 더 뛰어난, 가장
위대한 광대를 찾거든 이 황금 막대를 내밀어라!"

 천하를 주유하던 광대는 왕이 병으로 자리에 누웠다는 이야
기를 듣고 급히 궁으로 돌아왔습니다.
“왕이시여! 왕의 광대이옵니다.”
“그래 너보다 더 뛰어난, 가장 위대한 광대를 찾았느냐?”
“아직….”
“이제 난, 돌아오지 못하는 먼 여정을 떠나려 한다.”
“왕이시여! 그 여정을 위해 무엇을 준비하셨는지요?”
“… … 아무것도….”
 광대는 자신의 품에서 그 황금 막대를 꺼내 왕에게 내밀었습
니다.

기억(記憶). 안단테 칸타빌레

저 먼들 더 너머 기억(記憶)이 잠든 벌
한 곁에 옹그린 아릿한 순간(瞬間)이
고요가
일으킨 파문(波紋)에 깨어난 잔영(殘影)들.

세월(歲月)의 차가운, 사슬을 끊으려
염화검(炎火劍) 휘두르며 안드로메다 가는 노을.
밤 내내
저 이름 슬피 부르는 부엉새.

시기(猜忌)한 달빛에 형체(形體) 잃은 뜬구름
예서 막 가시는 앙금마저 휘저으니
안단테
칸타빌레로
토로(吐露)하듯 제 야 제야.

*밤 내내 저 이름 슬피 부르는 부엉새; 충지의 杜宇自呼名.
卷箔引山色(권박인산색) 발 말아서 산빛 끌어들이니
連筒分澗聲(연개분간성) 나누어 드는 잇댄 물소리
終朝少人到(종조소인도) 이날 아침 아무도 찾지 않고
杜宇自呼名(두우자호명) 저 이름만 울면서 부르는 두견새.
- 충지(冲止); 1226~1293((고종 13~충렬 19) 고려 후기 승

려이다. 본명은 위원개(魏元凱)로 충지(冲止)는 법명이다. 전라
남도 장흥 출신으로 원나라 세조도 그를 흠모했다고 하며 원
오(圓悟)의 법을 이어 수선사(修禪社) 제6세 국사가 되어 법세
(法歲- 승려가 된 후의 나이) 39세로 열반(涅槃)했다.

*안드로메다Andromeda; 안드로메다 자리의 나선(螺線) 모양
의 은하. 5등급 밝기, 지구에서 약 200만 광년. 우리 은하계
보다 조금 큼. M 번호 31. 그리스 신화의 에티오피아 왕녀로
케페우스와 카시오페이아의 딸, 뱀의 형상을 한 물고기 바다
괴물 케토스에 제물로 바쳐졌으나 페르세우스에게 구출되어
그의 아내가 되었다가 별자리가 되었다. 이를 극(劇)화한 소포
클레스의 「안드로메다」는 사라지고 에우리피데스의 「안드
로메다」는 그의 작품 중 가장 아름답다는 평을 받고 있다.
안드로메다의 여섯 아들 중 페르세스(Perses)는 페르시아인들
의 조상이다.

  에우리피데스의 「안드로메다」에 나오는 명대사 하나, 페르
세우스가 제물이 되어 바닷가 바위에 쇠사슬로 묶여있는 안드
로메다에게 한 고백이다. '오! 처녀여! 사랑의 사슬에 묶여 있
어야 할 그대가 이런 무지 막한 사슬에 묶여 있어야 한다
니….' 이를 따라 마음을 잡는 여인을 만난다면, '오! 그대여!
사랑의 사슬에 묶여 있어야 할 그대가 세월의 차가운 사슬에
만 묶여 있어야 한단 말인가….'

*염화(炎火); 세게 타오르는 불. 마음에 이는 격렬한 감정.
*염화검(炎火劍); 붉게 타는 노을.
*안단테 칸타빌레 andante cantabile; 음악 악보에서, 천천
히 노래하듯이 연주하라는 말. 차이콥스키가 작곡한 현악 사
중주곡 제1번의 제2악장. 러시아 민요에 바탕을 둔 감미로운
선율로 바이올린 독주용 편곡으로 널리 알려져 있다.
*토로(吐露); 속마음을 죄다 드러내어 말함.
*제 야 제야; 자신을 저 스스로 탄식하듯 부르다.

산정호수(山井湖水)

노을이 둘레길 서녘 재 넘을 제
굽은 솔 기대앉은 망봉산(忘峰山) 외진 기슭
호수(湖水)가 튕긴 공후(箜篌)에 뜬 시름 내리누나.

가비가배 한 난간(欄干) 곤륜산(崑崙山) 황옥(黃玉) 빗
푸르른 소매로 설핏 가린 애잔함
채 들지 못한 여백(餘白)이 가없이 서렸어라.

궁왕(弓王)의 넋이 깃든 억새들 울음소리
바람에 꽃잎이 하염없이 지는데
인연(因緣)이 지핀 염화(炎火)를, 꺼 추는 호젓함.

*망봉산(忘峰山); 망봉산(望峰山). 경기도 포천시 영북면 산정리
의 숲속 산책길, 보트와 수상스키, 별식 등 위락시설이 갖추
진 산정 호숫가 해발 384m의 높지 않은 산으로 망각(忘却)의
산(山)이다.
'忘'은 '望'의 해음자(諧音字)이다. 해(諧 - 화할 해)음자는 동
음(同音), 혹은 비슷한 음(音)이나 자(字)를 이용하여 원래 자
(字)가 주는 뜻보다 더 강한 의미를 나타내려는 자이다.
*공후(箜篌); 하프와 비슷한 동양의 옛 현악기로 소리가 매우
구슬프다고 한다.
- 공후에 얽힌 이야기; 공무도하가(公無渡河歌)
公無渡河(공무도하) 임아 그 강 건너지 마오.

公竟渡河(공경도하) 끝내 임은 강을 건너셨네.
墮河而死(타하이사) 물에 빠져 떠나가시니
當奈公何(당내공하) 가신임을 어이하리.
고조선 시대, 기록상 현존하는 한국 최고(最古)의 시, 공후인
(箜篌引)이라고도 한다. 저자는 백수광부(白首狂夫) 아내이다.
  고조선의 뱃사공인 곽리자고(藿里子高)가 어느 날 새벽에 일
어나 배를 저어 갔다. 그때, 흰 머리를 풀어 헤친 한 미친 남
자(白首狂夫)가 술병을 들고 물살을 헤치며 강을 건너가고, 그
의 아내가 서둘러 쫓아가며 그를 말렸다. 그러나, 이 남자는
아내의 말을 듣지 않고 건너다 물에 빠져 익사했다. 이에 아
내는 공후(箜篌)를 가져와 타며 공무도하(公無渡河)를 지어 불
렀는데, 곡조가 매우 슬퍼서 절로 눈물이 날 정도였다고 한
다. 노래가 끝나자 아내도 남편을 따라 강물에 몸을 던졌다.
  이를 모두 본 곽리자고가 슬픈 마음으로 돌아와 아내 여옥
(麗玉)에 본 광경과 노래를 들려주니 여옥이 슬퍼하며 공후를
꺼내 그 가락을 타 울며 노래하자 지나가는 이들 모두가 크게
슬퍼하였다. 여옥은 노래를 이웃 여인 여용(麗容)에게 주어 이
로 널리 전해지게 되었다. 위키 백과.
  고조선 여인들이 이를 잘 켠 것을 보면 때의 사람들 정신세
계는 화조풍월(花鳥風月-꽃과 새와 바람과 달이라는 뜻으로,
천지간의 아름다운 경치를 이르는 말)이라더니 풍류(風流)와
멋이 넘친 것 같다.
*가비가배; 산정호수의 옛 풍광이 흐르는 한옥 카페. 가비는
커피를 음차(音借 - 어떤 언어의 소리를 그 언어에서 사용하
지 않는 다른 문자로 나타내는 방식. 차자 표기에서, 한자의
음을 빌려 우리말을 표기하는 일)한 이름이다.
*곤륜산(崑崙山); 중국 서쪽에 있다는 전설상의 山. 최고(最高)
의 옥(玉)이 나는데 전국(戰國) 시대 말부터 서왕모(西王母)가
살며 불사(不死)의 물이 흐른다고 한다.

*곤륜산(崑崙山) 황옥(黃玉) 빗; 반달. 黃眞伊(황진이)가 노래한 詠半月(영반월-반달을 노래함)에서. 황옥(黃玉)은 玉中玉이다.

誰斷崑山玉(수단곤산옥) 누가 곤륜산 옥을 잘라

裁成織女梳(재성직녀소) 직녀의 빗을 만들었나.

牽牛離別後(견우이별후) 견우와 이별하고는

愁擲壁空虛(수척벽공허) 시름겨워 하늘에 걸었었네.

- 황진이가 노래해 그녀 詩로 알려져 있으나 초당(草堂) 허엽 (許曄, 1517~1580)의 詩이다.

*푸른 옷소매; 구름. 16세기 르네상스 선법의 오래되면서도 애잔한 곡조를 띤 영국 민요. 엘리자베스 1세 때 탄광 노동자 들이 '그린슬리브즈'라는 애칭으로 부른 창녀를 그리워하며 지 었다는 설과 귀족 여인의 스캔들을 노래한 설 등이 있다. 곡 명이 '푸른 옷소매'로 알려졌으나 'Greensleeves'는 여자 이름 인 고유명사이기에 '그린슬리브즈'이다.

　가사만 바꾸어 크리스마스 캐럴로도 불리며 2011년 동일본 대지진 쓰나미 피해 주민 위로 음악으로 사용했으며 일본 각 지 방재무선 차임 음으로 사용되고 있다. 지금도 여러 가수 여러 악기, 여러 변주곡, 드라마나 배경음악으로 많이 쓰인다. 푸른 구름의 달로 'Greensleeves'가 흐르는 듯하다.

*설핏; (순우리말) 정도가 심하지 않고 약하게.

*채 들지 못한 여백; 동양화(東洋畫)에서 구름을 그리고 달(月) 은 공간을 두어 달이 있는 듯한 여백(餘白)의 미(美) 기법으로 후에 그 여백에 달을 그려 넣는 것을 홍운탁월(烘雲拓月), 구 름만 그려 달이 내밀게 하는 기법을 채운탁월(彩雲拓月)이라 한다. 곤륜산(崑崙山) 황옥(黃玉) 빗인 푸른 옷소매에 언뜻, 가 려진 달이 烘雲拓月이나 彩雲拓月의 餘白의 美인 양 애틋한 정 취(情趣)가 있다.

　수묵화의 바림(색칠할 때 짙은 색에서 차츰 엷은 색으로 칠 하는 기법)이나 그러데이션(gradation. 두 가지 이상 색을 차

츰 혼합시키는 기법) 혹은 보카시(Bokashi 일본어 ぼかし에서
온 말. - 빛깔을 점차 여리게 바림하거나 두 빛깔이 만나는
경계선을 바림 처리하는 기법 - 안개와 구름의 처리기법)에서
흔히 달을 채운탁월로 그린다.

 이 보이지 않는 세계를 보는 감흥(感興)과 정서(情緒)는 한국
에 머문 지 오래된 서양 선교사들도 정중동(靜中動)과 같이,
이해하기 어려워했다.

이 달콤하고 오묘한 감흥(感興)과 정서(情緒)를 우리도 점차(漸
次) 잃어가는 것 같아 참 아리다.

*궁왕(弓王)의 넋이 깃든 억새들 흐느낌; 후고구려(後高句麗)를
세운 궁예(弓裔)가 최후를 맞이하여 우니 산도 따라 울었다 하
여 붙여진 높이 923m의 울음산(鳴聲山 - 명성산)에는 바람에
일렁이며 스산하게 우는, 매년 10월에 약 330만㎡(10만평)의
억새꽃 군락으로 억새꽃 축제가 열린다.

-'깃들다' 무엇이 서리거나 감정, 생각들이 어리다. '깃들이다'
새나 사람, 건물 등이 자리 잡다.

*억새; 7~9월에 갈색 꽃이 피며 작은 침으로 바람에 일렁이
며 스산하게 운다. 매년 10월에 명성산에 펼쳐진 약 330만㎡
(10만 평)의 억새꽃 군락으로 억새꽃 축제가 열린다.

*바람에 꽃잎이 하염없이 지는데; 김억이 가곡 동심초로 역
(譯)한 설도(薛濤)의 동심초(同心草)에서.

風花日將老(풍화일장노) 바람에 꽃잎은 하염없이 지는데
佳期猶渺渺(가기유묘묘) 아름다이 만날 날 아득하기만 하고
不結同心人(불결동심인) 맺지 못하는 마음과 마음이야
空結同心草(공결동심초) 한갓되이 풀잎만 맺으려드누나.

- 薛濤; 당(唐)나라 기녀. 어릴 때부터 시와 음률에 능하여 위
고(韋皐)·원진(元稹)·백거이(白居易)·두목(杜牧) 등 뛰어난 문인
들과 교류했다.

*인연(因緣)이 지핀 이 염화(炎火)를, 꺼 추는 호젓함; 억새 울음에 꽃잎은 지고, 호수의 호젓함은 因緣, 그 갈피에 타오르는 염화를 꺼 추리라.

*염화(炎火); 세게 타오르는 불. 마음속에 이는 격렬한 감정.

*꺼 추다;'꺼뜨리다'의 경기, 충남 지방 방언.

*호젓하다; 무서울 만큼 쓸쓸하다.

달바라기

주체치 못했다. 냉담(冷淡)과 끓는 욕망(慾望)
추스를지나, 불(火)과 얼음이 된 심장(心臟)
달문(달門) 연
아르테미스,
에로스 금(金)빛 살.

서린 가슴 애써 감춘 언덕배기, 다소곳이
물거울 앞에서 달(月)분(粉)으로 한 단장(丹粧)
시울 가 붉디붉게 핀 모정(慕情)에 젖은 꽃.

스친 듯 지나친 푸른 곱(䕞) 도포(道袍) 자락
잊힌 날 넋인 양 피다 지는 강(江) 안개
꽃향긴(香氣) 가엾게도 더 짙어만, 가고서.

차다가, 기어(期於)이 범람(氾濫)한 은하(銀河) 결
찰나(刹那)로 흘러가는 억겁(億劫)의 기다림
먼동에 제 잃어가니,
이우는 끝 가슴.

*달바라기; 달맞이꽃.
*냉담(冷淡)과 욕망(慾望); 미려(美麗)하면서 슬픈 음색의 음유

시인(吟遊詩人 - 떠돌이 시인. 11~13세기에 프랑스 남부와 이탈리아 북부 등을 떠돌며 서정시를 하프와 같은 작은 악기를 켜며 노래로 표현했다. 아이러니하게 구텐베르크가 발명한 인쇄술로 글을 아는 사람이 늘자 안타깝게 점차 사라졌다) 레오나르도가 부르는 노래. 셰익스피어의 감미로움 속에 숨겨진 사랑의 쓰디씀과 덧없는 청춘에 관한 비극 희곡 로미오와 줄리엣의 테마곡 'What is a youth' 중에서 'What is maid? Ice and Desire. The world wags on A rose will bloom. It then will fade So does a youth. So does the fairest maid 처녀란 무엇일까? 냉담과 욕망. 세상이 그리 오가지, 장미는 피나 이내 지지, 젊음도 그렇듯 아름다운 처녀도 그리 져 가지요.'에서.

- 로미오와 줄리엣 효과; (심리학) 사랑의 청개구리 효과로 단순한 호의(好意)가 장애물이 크면 클수록 더 타오르는 것을 말한다.

- 셰익스피어의 4대 비극; 햄릿·맥베드·리어왕·오셀로이다. '로미오와 줄리엣'이 비극에 들지 않은 이유는 둘의 슬픈 결말이 있었으나 이로 몬터규가(家)와 캐퓰렛가(家)의 대를 이은 불화가 화해했기 때문이다.

*달문(달門); 월훈(月暈). 달무리(달 언저리에 둘린 구름 테). 충북·전북·경상지방은 '달문이 열렸다'고 한다.

*아르테미스(Artemis); (그리스 신화) 올림포스 12신 중 하나인 제우스와 레토의 딸로 사냥과 다산(多産), 순결과 달의 여신이다.

*에로스 금(金)빛 살; (그리스 신화) 사랑의 신 Eros는 아프로디테의 아들. 두 날개를 달고 손에 활과 화살을 든 빨가숭이 아기 神으로 로마 신화의 큐피드(Cupid)이다. Eros의 金 화살을 맞으면 첫눈에 들어온 이와 사랑에 빠지고 납 화살을 맞으면 증오하게 된다.

- 프로이트(Freud, Sigmund 1856~1939); 오스트리아의 심리학자이며 신경과 의사로 정신 분석학의 창시자이다. 정신 분석 방법을 창시하여 잠재의식을 바탕으로 한 심층 심리학을 수립하였으며 저서 『꿈의 해석』『정신 분석학 입문』 등이 있다. 그는 성 본능과 자기 보존 본능을 품은 生의 본능을 Eros 라 일컬었는데 후에 심리 및 사회, 정치 등 여러 분야에서 사용했다.
- 에로스적(Eros 的); 성 본능이나 자기 보존 본능을 포함한 생의 본능을 가진, 또는 그런 것.
- 에로스효과(Eros 效果); 카치아피카스(Katsiaficas)는 민중이 스스로 역사의 방향을 변화시킬 수 있다는 직관적 믿음을 지니고 역사의 무대에 개입하는 현상으로 사용했다.
- Georgy Katsiaficas; 1949년 4월 미국 텍사스주 댈러스에서 태어났다. 전남대 5·18연구소에서 2000~2001년 연구한 적이 있는 미국의 사회 정치학자이다. 대표 저서로『신좌파의 상상력』이 있으며 『한국의 민주주의: 광주항쟁의 유산』 등을 펴낸 바 있다.
*모정(慕情); 그리워하는 마음.
*곱(皀); 높다는 뜻의 우리나라 한자. 중의법(重義法 - 문학에서 한 단어에 두 가지 이상의 뜻을 곁들어 표현함으로써, 언어의 단조로움을 피하고 여러 의미를 나타내고자 하는 수사법)이다.
*푸른 곱(皀); 하늘.
*도포 자락; 구름.
*꽃향긴(香氣) 가엾게도 더 짙어만, 가고서; 薛瑤(설요)의 返俗謠(반속요)에서.
化雲心兮思淑貞(화운심혜사숙정) 구름 같은 마음 고요함을 생각하니
調寂滅兮不見人(조적멸혜불견인) 적적한 빈 마음, 무엇도   보

이지 않고

瑤草芳兮思芬蘊(요초방혜사분온) 꽃향긴(香氣) 가엾게도 더 짙어만, 가고서

將奈何兮靑春(장내하혜청춘) 이어 어이 하리, 이 푸름을.

- 薛瑤; 설계수 딸로 당(唐)에 거류한 우리나라 최초의 여류 한시(漢詩) 인이다.『全唐詩』『大東詩選』에 수록된 7언4구 고체시로 쓴 한시로 여승이 아닌, 여인으로서의 애심(愛心)을 노래했다.

 아버지 죽음을 계기로 15세에 출가 한 6년째 여승이 되었으나 절에 온 당나라 사람 곽원진(郭元振)을 만나 젊은 애심(愛心)의 격정(激情)을 가누지 못해 이 한 수를 짓고는 환속한 탓에 返俗謠라 했다. 곽진의 애첩이 되었다가 신문왕(神文王 681~690) 때 통천현(通泉縣) 관사(官舍)에서 벅찬 삶을 졸(卒)했다.

- 곽진(郭震); 자 원진(元振 656~713년) 당(唐) 정치인. 통천현위(通泉縣尉), 무측천(武則天)으로부터 우무위개조참군(右武衛鎧曹參軍)이, 안서대도호(安西大都護)가 되었다. 예종(睿宗) 때 재상이 되었다가 현종(玄宗) 태평공주(太平公主)를 참살한 공으로 후에 대국공(代國公)에 봉해졌다.

返俗謠(반속요)와 함께 우리나라 최초의 두 여성 한시(漢詩)인 신라 진덕여왕(眞德女王)의 태평송(太平頌)을 살펴보자. 태평송(太平頌)은 당(唐) 연호를 사용하는 등 당과의 외교를 강화하여 삼국통일을 앞두고 오언(五言)의 「태평송」을 비단에 써서 김춘추 아들 법민을 통해 당나라 고종에게 올림으로 당의 지원을 받으려는 여왕의 외교적 포석이었다. 당 고종은 가상히 여겨 법민을 대부경에 제수했다.

大唐開洪業(대당개홍업) 대당이 큰 왕업을 여니

巍巍皇猷昌(외외황유창) 높고 높은 황제 포부가 크게 이누나.

止戈戎衣定(지과융의정) 전쟁이 그치니 천하가 평안하고
修文繼百王(수문계백왕) 문치를 열어 앞선 전왕들의 덕을 계승
하도다.
統天崇雨施(통천숭우시) 하늘을 본받으니 기훈들 순탄하니
理物體含章(이물체함장) 만물을 다스림에 덕을 알았도다.
深仁諧日月(심인해일월) 지극한 어지심은 해와 달을 사귀며
撫運邁時康(무운매시강) 때를 다루므로 태평한 세상 이루네.
幡旗何赫赫(번기하혁혁) 깃발은 어이 그리 빛나는지
鉦鼓何鍠鍠(정고하굉굉) 징과 북은 어찌 그리 우렁차게 울리나
外夷違命者(외이위명자) 변방 오랑캐 명을 어기는 자
剪覆被天殃(전복피천앙) 칼날에 엎어져 하늘의 벌을 받으리라
淳風凝幽顯(순풍응유현) 순후한 감화는 두루두루 어리니
遐邇競呈祥(하이경정상) 멀고 가까운 데서 다투어 길한 것을
바치도다.
四時和玉燭(사시화옥촉) 사계절은 화창하고 고르네.
七曜巡萬方(칠요순만방) 일곱별은 만방을 두루 도는데
維嶽降宰輔(유악강재보) 산악 정기는 보필할 재상을 내리시고
惟帝任忠良(유제임충량) 황제는 충성된 어진 신하를 등용하네.
五三成一德(오삼성일덕) 삼황오제가 한가지로 덕을 이루니
昭我唐家皇(소아당가황) 길이길이 우리 당 황실 밝게 빛내리.
당의 창업과 황제를 칭송하는, 시상이 빼어나다. 이규보는 『백
운소설』에서 '고고(高古)함이 당(唐)의 다른 시와 겨룸에 부족
함이 없다.'라고 평했다.

*기다림; 달바라기 꽃말. 칠레에서 귀화한 달바라기 꽃에는 많
은 신화와 전설이 어려 있다. 태양신을 숭배하는 옛 칠레 어
느 마을, 매년 여름 결혼 축제에서 공로자의 상으로 처녀를
택하면 그녀는 절대 거절할 수 없는 고대로부터 내려온 법이
있었다. 로즈는 그해 공로자인 한 청년인 추장의 작은 아들과

1년 전부터 사권 사이였기에 당연히 자신을 택할 줄 알았으나 그는 다른 소녀를 선택했고 그녀는 자신을 선택한 다른 남자의 손을 뿌리치고 도망갔다.

그녀는 이내 잡혀 규례에 따라 귀신의 골짜기로 추방되었으며 로즈는 그곳에서 달이 그인 양, 그를 그리다가 죽어 달이 뜨면 피는 달바라기 꽃이 되었다.

그리스 신화에는 별을 사랑하는 님프 중에 달을 더 사랑하는 님프가 별이 달을 가린다는 마음에 '별이 다 사라진다면, 매일 밤 달을 볼 수 있을 텐데'이 말에 평소 그 님프의 미모를 질투한 다른 님프들이 제우스에게 이 말을 고하자 화가 난 제우스는 달이 뜨지 않는 곳으로 님프를 쫓아버렸다.

뒤에 이를 알게 된 달의 신은 님프를 찾았으나 구름으로 방해한 제우스로 만나지 못한 채 님프는 죽었다. 달의 신이 님프를 땅에 묻자 후회한 제우스는 영혼을 꽃으로 환생시켰다.
*먼동에 잃어져 가더니 이우는 끝 가슴; 동 트면 시드는 꽃.

여기 또 다른, 애절한 사랑이 있다. 조선 영조 51년인 1775년 스물다섯에 과거에 합격한 청년 조정철과 애끓는 사랑을 나눈 제주 여성 홍윤애(홍랑)가 그 주인공들이다. 조정철은 정조시해 사건에 연루 되어 정조 1년 제주에서 27년간 유배 생활을 하게 된다. 그 형극의 세월에서 그를 구해준 것은 홍윤애의 사랑이었다.

정조 5년, 조정철 집안과 깊은 원한을 가진 신임 목사 김시구가 제주 목사로 부임하여 조정철을 죽이려 획책하던 중 조정철의 딸을 낳은 지 3개월에 불과한 홍윤애에게 조정철의 불리한 자백을 받아내려 참혹한 고문을 가하자 남편을 지키려 홍윤애는 스스로 순절하고 만다. 김시구는 이를 은폐하기 위해 유배인들이 역모를 꾸민다는 허위보고를 올렸고, 조정은 사실관계를 조사하여 김시구는 부임 4개월 만에 공모에 가담

한 자들과 함께 파직되고 조정철도 여러 달 문초를 겪은 후에 풀려나 정의현으로 유배지를 옮기고 홍윤애는 죽은 지 17일 만에 겨우 무덤에 묻히게 된다.

조정철은 유배지를 추자도로 옮겨져 제주에서만 27년, 1803년 전남 광양, 1805년 3월 전남 구례, 그해 5월 황해도 토산으로 유배되었다가 그해 7월 복직하게 된다.

조정철은 홍윤애가 죽은 지 31년 뒤, 본인의 나이 환갑인 순조 11년(1811년) 홍문관 교리로 제수되어 27년간 갖은 유배의 고통을 겪으며 살았던 제주에 전라 방어사 겸 제주 목사가 되어 한 많은 제주에 부임한다. 그는 곧 홍윤애의 무덤을 찾아 위령제를 지내고 글을 지어 비(碑)를 세우고 귀양 시절 많은 도움을 준 주민들에게 고마움의 표현으로 제주 청년을 사위로 맞이하여 딸과 사위를 호적에 올렸다. 그녀의 묘는 현재 애월읍 유수암리에 있다. 애월 해안도로에 추모비가 있다. 조정철이 그녀 묘에 바친 추모 마음을 담은 헌시(獻詩)이다.

趙貞喆(조정철) 追慕詩(추모 시) 홍랑 비에 새긴 조정철의 시.

瘞玉埋香奄幾年(예옥매향엄기년) 옥은 묻히니 향기 가린지 몇 해 이런가

誰將爾怨訴蒼旻(수장이원소창민) 누가 그대 한을 푸른 하늘에 아뢰리.

黃泉路邃歸何賴(황천로수귀하뢰) 황천의 아득한 길 누굴 의지해 돌아갔으리.

碧血藏深死亦綠(벽혈장심사역록) 짙은 피 깊이 품고 까닭 있는 죽음이니

千古芳名衡杜烈(천고방명형두열) 천고에 높은 이름들 열 문에 빛나니

一門雙節弟兄賢(일문쌍절제형현) 한 집안 두 절개, 현숙한 두 자매

烏頭雙闕今難作(오두쌍궐금난작) 두 떨기 고귀한 꽃, 글로 짓

기 어려우니

靑草應生馬鬣前(청초응생마렵전) 푸른 풀만 말갈기 앞에 우거
져 있누나.

- 一門雙節; 한 집안 두 절개란 홍윤애와 그 언니의 절개를
말한다. 홍윤애 언니는 참판 이형규의 애첩으로 남편이 죽자
독약을 먹고 순절했다.

- 해외로 관광을 많이 가는 시대이다. 관광 중의 관광은 문화
관광이다. 그중에도 정서적 문화 관광은 으뜸이다. 제주에 가
면 윤애의 추모비와 정철의 추모 시비를 꼭 들러 보길, 없는
글재주로 표현하려니 아림이 그지없다.

그리 놓지 못할 연(緣)이라야, 어둠 속에 피어났으나 지기 위
한 꽃이려니….

2부

●

젖은 잔(盞)

2부

젖은 잔(盞)

1) 민들레
2) 비브라토
3) 이른 매화(梅花)
4) 늙은 벗들
5) 언 하늘 부서지는 날
6) 흔우ㄱ(寒雨歌)
7) 돌아오지 않는 잔(盞)
8) 참을 수 없는 우울(憂鬱)
9) 해는 생(生)피를, 달은 바람을 토(吐)한다
10) 늙은 아내

민들레

때 없이, 달구다 에이던 터 곳곳
천 년(千年)의 한 금으로 백 팔(百八) 금 간 바위
티끌로
사라져버릴,
덧없는 으스러짐.

훌훌 턴 들 나비 그끄제로 그리다
천성(天性)이 하나임 예서 깨치고서는
얽매인 뿌리 털고서, 가없이 나선다.

춘풍(春風)이 못내 겨워 저 스스로 흩트리어
엄이나 그음도 탓 없이 이저리
대공(大空)을
떠, 나 날았었다.
참을 이룰 염원(念願)에.

해진 삿갓 터진 장(杖)에 이룸 없이 묻혔다.
철마(鐵馬)가 짓이기는 침목(枕木)의 틈바구니
이름을 연 니르바나,
색(色) 없는 색(色)의 꽃.

*천성(天性); 선천적으로 타고난 성품. 자성(資性).

*철마(鐵馬)가 짓이기는 침목(枕木)의 틈바구니; 하루하루 수없이 굉음(轟音)을 울리며 내달리는 육중한 철마의 땅, 이런 처절한 터, 철마에 그리 짓밟힘에도 핀 민들레를 보았다. 자신인들 원해서 이른 터가 아니었으리라, 민들렌들 어찌 고독을 모르리. 그 고독에 몸부림치다 홀로이 이름도, 무엇하나 이룸도 없이 터를 내렸다. 지극히 작은 씨앗으로. 그럴지언정 피었다는 말이 차마 무색(無色)한, 유유자적한 한 송이, 그러함에도 깨친 꽃이었다.

안축(安軸)은 경포범주(鏡浦泛舟)에서 고독 속에 유유자적(悠悠自適)을 읊었다.

鏡浦泛舟(경포범주) 안축(安軸)

雨晴秋氣滿江城(우청추기만강성) 비 갠 가을 기운 강둑 방에 차고

來泛扁舟放野情(래범편주방야정) 조각배 띄워 자연의 정취에 젖고서

地入壺中塵不到(지입호중진부도) 땅은 병 속에 들어 세속 티끌 일지 않고

人遊鏡裏畫難成(인유경리화난성) 거울 속을 노니나 그리기 어렵나니

煙波白鳥時時過(연파백조시시과) 아지랑이 핀 물결에 갈매기 때때로 나르고

沙路青驢緩緩行(사로청려완완행) 백사장 길 푸른 나귀는 느릿느릿 가누나

爲報長年休疾棹(위보장년휴질도) 뱃사공에게 알리어 노를 느리게 젓게

待看孤月夜深明(대간고월야심명) 밤 깊어 외로우나 밝은 달 그리 보려 하네.

- 근재(謹齋) 안축(安軸 1287~1348); 고려(高麗) 27대 충숙왕

(忠肅王)때 문신(文臣)이다. 이는 그가 강릉 경포대(鏡浦臺)에 와서 조각배로 노닌 감흥(感興)을 노래한 詩이다.

- 나그네로 바다의 정취(情趣)에 희희낙락(喜喜樂樂)했을 터이나 어찌 고독하다.

- 평양 기녀(妓女) 소홍(小紅)은 고독을 이리 노래했다.

北風吹雪打簾波(북풍취설타렴파) 눈 몬 북풍에 발 내리니 인물결

永夜無眠正若何(영야무면정약하) 긴 밤잠 못 이룬 마냥 인 마음은

塚上他年人不到(총상타년인부도) 훗날 무덤 찾을 사람 없으니

可憐今世一枝花(가련금세일지화) 가엾어라. 지금이야, 한 가지 꽃이나.

- 잠 못 드는 한 겨울 긴 밤 지금이야 한 가지 꽃으로 향기로이 살고 있으나 곧 시들어지면 후에 무덤을 찾아줄 이 없을 것이라는 기녀의 설움과 허무가 참 애달다. 어디 소홍만이 그러리.

*니르바나(nirvāṇa); (산스크리트어) 열반. 모든 번뇌의 얽매임에서 벗어나고, 진리를 깨달아 불생불멸의 법을 체득한 경지.

*외로운 땅을 깬 니르바나; 봄의 외로운 땅, 꽃이 되다.

*색(色); 물질과 정신을 오 분(五分)한 것. 곧, 색(色)·수(受)·상(想)·행(行)·식(識)의 하나. 눈에 보이는 현상(現象) 세계, 곧 물질세계.

비브라토

아폴론 신탁(神託)이 임했다. 오총사(五銃士)에
하나 없는 다섯 없고 다섯 없이 하나 없다
오선(五線)의
맹약(盟約)으로써
일선(一線)이 건, 기치(旗幟).

파도(波濤)가 흐놀아 튀어 오르는 물방울
바람에 흩날리는 별의별 꽃잎들
되알진
달림일지나
십오 기(氣) 다섯 후(候).

오로(烏鷺)의 날갯짓에 출렁이는 오작교(五作橋)
집시 패는 탭 댄서로 서린 한(恨) 풀고서
갈기 떼
넘실거리는
광야(廣野)의 야생마(野生馬).

더불어 이어간 산맥(山脈)들 미스터리
은둔(隱遁)의 골에 든 선율(旋律)의 요람지(搖籃地)
옥타브
흐무러지니

깨어난 다섯 현(縣).

클래식 발라드 팝송이 재즈가
일렁이는 하얀 늪 춤추는 서른여섯 섬(島)
깜찍한
발레리나들
핑크 구두 열 님프.

*총사(銃士); '뒤마'의 소설 '삼총사'에서 유래된 말. 영어로
the three Musketeers이다. Musketteer는 '머스킷 총을 사
용하는 사람들'이란 뜻. 여기서 오총사는 오선(五線)을 뜻한다.
- 뒤마(Dumas, Alexandre1802~1870); 프랑스 소설가·극
작가. 뒤마의 아버지로 대 (大)뒤마라고도 한다. 낭만주의 시
대의 대중 소설가로 분방한 상상력과 작극술로 독자를 매료하
였다. 작품 '몽테크리스토 백작', '철가면', '삼총사' 가 있다.
 - 뒤마(Dumas, Alexandre 1824~1895); 프랑스의 작가).
뒤마의 아들로 소(小)뒤마라고도 한다. 부인과 어린이의 권리
와 남성과 금력(金力)의 횡포를 경계하는 작품을 썼다. 작품에
는 '춘희', '사생아', '방탕한 아버지', '금전 문제'가 있다.
*맹약(盟約)으로써; '써'와 '서'. '써'는 수단·방법·도구로(예 -
대화로써 등). '서'는 직위·자격을(예 - 교사로서 등).
*십오 기(十五氣) 다섯 후(五候); 기온·비·눈·바람 따위의 대기
상태. 기후((氣候 - 1년의 이십사절기와 칠십이후를 통틀어 일
컫는 말(예기(禮記) 월령(月令)에 의하면 5일(日)을 1 후(候), 3
후(候)를 1기(氣), 6 후(候)를 1월(月), 72 후(候)를 1년(年)
360일(日)로 보았다)). 한 해. 여기선 한 생애의 뜻을 담았다.

*오로(烏鷺); 까마귀와 해오라기.
*집시(Gyp·sy); 코카서스 인종의 유랑 민족. 헝가리를 중심으로 유럽 각지에 분포함. 쾌활하며 음악에 뛰어난 재능을 지니고 있음. 정처 없이 방랑 생활을 하는 사람을 비유하기도 함.
*오작교(烏鵲橋); 칠월칠석날 저녁에 견우와 직녀를 만나게 하려고 까마귀와 까치가 은하(銀河)에 놓는다는 다리. 은하에 다리를 놓기에 은하작교(銀河鵲橋)라기도 한다.
 우리에게 까치는 긍정적이나 까마귀에 대해서는 주로 부정적이다. 새 주제에 감히 사람더러 가오가오 한다며 이름이 그리 되었다는 말이 있을 정도이다.

- 그리스 신화의 까마귀는 원래 흰색이었다. 코로니스는 이스키스와 약혼을 했음에도 은밀히 아폴론과 사랑으로 임신하자 서둘러 결혼했다. 아폴론은 까마귀로부터 이를 전해 듣고는 배신감에 코로니스를 죽인 후 화장하다가 그녀의 임신을 알고 배 속의 아이를 꺼내는데 이 아이가 의술의 신 아스클레피오스이다. 분이 풀리지 않은 아폴론은 이 슬픈 소식을 전한 까마귀를 까맣게 만들어 불길한 새되게 했다. 그러나 까마귀는 음악의 신 아폴론의 전령이다.
 성서 창세기에는 홍수심판이 지나고 산봉우리가 보이자 노아는 간절한 희망을 품고 ‘까마귀를 내놓으매 까마귀가 물이 땅에서 마르기까지 날아 왕래하였더라.’ 까마귀는 가장 먼저 방주에서 나왔지만, 희망의 소식인 감람 새잎을 물어온 것은 두 번째로 방주에서 나온 비둘기였다. 까마귀는 그 스스로 명예를 잃었다.

 까마귀 이야기가 나와서 말이지만 나는 새 중에 까마귀를 가장 좋아한다.
 하나, 까마귀는 심마니들에게 공경 받는 새이다. 까마귀가 산의 영약이라는 산삼 씨앗을 먹고 이산 저산에 배설을 하면 그곳에 산삼이 자라기에 까마귀가 있는 장소에는 산삼이 있다. 까마귀는 가치 있고 귀한 일을 하는 새이기에 심마니들이 산에서 까마귀를 만나면 엎드려 절을 한다. 나도 가치 있고 귀한 일을 함으로 세상에서 공경을 받는 사람이고 싶다.

둘, 까마귀는 산을 깨끗게 하는 청소부 새이다. 산에 사는 새나 동물들도 반드시 죽는다. 그러나 그 시체를 보기가 어려운 것은 까마귀와 같이 그 시체를 먹는 청소부들이 있기 때문이다. 그들이 없다면 산의 상쾌한 공기나 맑은 물 아름다운 새소리와 물소리는 사라지고 시체 썩는 냄새와 더러움으로 죽은 산이 될 것이다. 나도 세상의 어둡고 더러운 곳일지라도 내가 있으므로 깨끗게 되는 그런 사람이고 싶다.

셋, 까마귀는 자신의 영역개념이 강한 새이다. 나도 나의 영역인 나 자신과 나의 임무·책임·지금 내가 있는 곳·가정·주변 사람들·나라를 소중히 여기는 그런 사람이 되고 싶다.

넷, 까마귀는 자기관리를 잘하는 새이다. 까마귀는 먹이를 오래 두면 부패하는 것과 아닌 것을 알고 분리하여 보관하는 지혜가 있으며 다른 새나 동물들이 나뭇가지를 도구로 사용하는 모습을 보고 배워서 도구로 사용하다가 나뭇가지보다 철사가 잘 부러지지 않는다는 것을 알고 철사를 도구로 집도 짓고 구멍 속의 벌레도 잡을 줄 아는 창의력이 있는 새이다. 나도 주변을 잘 정리할 줄 알며 창의성을 가지고 다른 사람의 나은 점을 재빨리 배우며 또한 더 잘 응용할 줄 알며 언제 어디서나 끊임없이 학습하여 자기 관리를 잘함으로 내일이 오늘보다 더 나은 사람이 되는 그런 사람이 되고 싶다.

다섯, 까마귀는 효성이 지극하고 예를 알고 이웃에게 희생과 봉사를 하는 새이다. 까마귀는 부모가 늙고 병들면 먹이를 구해 입으로 먹여 주며 효를 다하는 새이다. 자식이 장성하여 부모님의 은혜에 보답한다는 효성의 사자성어인 반포지효(反

哺之孝)는 '까마귀 새끼가 자라서 힘이 없어진 늙은 부모 새에게 먹이를 물어다 먹인다.'는 뜻을 담고 있는 말이다. 이렇게 까마귀는 효성이 지극하고, 부모뿐 아니라 무리 안에서 병들거나 늙은 다른 까마귀에게도 먹이를 먹여주며 섬기는 효와 예와 희생과 봉사를 행하는 새이다. 나도 효와 예를 알고 이웃을 희생과 봉사로 섬길 줄 아는 그런 사람이 되고 싶다.

여섯, 까마귀는 자기 길을 갈 줄 아는 새이다. 까마귀는 실제와 다르게 더럽고 기분 나쁜 새로 오해와 평가절하 받을지라도 자기 삶을 절대 바꾸지 않고 뚜렷한 주관을 가지고 말없이 자기 길을 묵묵히 가는 새이다. 나도 나의 삶이 실제와 다르게 오해되고 평가절하 되어 역사에 오명이 길이길이 남을지라도 그 길이 영광 되는 길이라면 그 길을 가고 싶다.

일곱, 까마귀는 먹구름이 몰려오고 천둥과 번개가 치고 비바람이 몰아치면 다른 새나 동물은 물론 초원의 왕인 사자나 숲의 왕 범이나 하늘의 왕 독수리일지라도 숨소리도 내지 못하지만, 그때에도 까마귀는 노래하는 새이다. 우리는 '새가 운다.'고 하지만 서양인들은 '새가 노래한다.'고 한다. 나도 나의 인생길에 먹구름이 몰려오고 천둥·번개가 치고 비바람이 몰아치는 그때에도 노래하는, 그런 사람이 되고 싶다.

여덟, 노아 홍수 때(성서 창세기 8장) 물이 빠지자 노아가 까마귀를 날려 보냈으나 돌아오지 아니하자 비둘기를 내보내니 감람나무 잎을 물고 와 물이 빠졌음을 알리고는 날아갔다. 먼 훗날, 하나님께서는 그 많은 새 중에서 그 절박한 상황 중에 노아(인류)를 배신한 까마귀를 사용하시어 굶주린 엘리아에게 먹을 것 공급함으로 노아 홍수 때 잃어버린 까마귀의 명예를 회복시켜주셨다. 까마귀는 늦었지만, 잘못을 뉘우치고 자기 스스로 명예를 회복할 줄 아는 새이다.

*오작(五作); 오작(烏鵲)의 해음자. 작(作)-오선지(五線紙).

*피날레(finale); 최종. 마지막. 한 악곡의 마지막 악장. 연극

의 마지막 막(幕).

*일렁이는 하얀 늪 춤추는 서른여섯 섬; 피아노 건반.

*핑크 구두 열(十) 님프; 피아노 치는 열 손가락.

*현縣; 옛 지방 행정 구획의 하나. 縣은 현(絃-활시위. 현악기. 현악기의 줄), 여기서는 악보(樂譜) 오선(五線)의 해음자(諧音字)이다.

- 막내아들의 피아노 치는 모습을 보다가 짓다.

이른 매화(梅花)

붕정만리(鵬程萬里) 이르러 능선(稜線)을 타더니
어제 비로 피고서 오늘 바람에 지누나.
다붓타. 한낱 봄날 일이나, 비바람에 달렸음이.

들면 사그라지다 놓으면 다시 타는
이 밤 내 타오른 잔(盞)에 든 붉은 촛불
햇살이 흔들 때까지 눈물 탑을 쌓나니.

꽃샘 눈인들 차마, 들매화(梅花) 한 그루
천 년(千年)을 깃들은 애처로운 호호(好好) 넋
그리도 틔워야 했나, 시샘 달 붉건만.

*이른 매화(梅花); 일찍 핀 매화. 일찍 두드러진 인물. 여기서
는 시인 자신을 빗대었다.
*붕정만리(鵬程萬里); 장자(莊子)의 『소요유편(逍遙遊篇)』에 '몇
천 리 크기의 곤(鯤)이라는 물고기가 날개 길이만 몇천 리인
붕(鵬)이 되었다' '앞길이 멀다' '전도가 양양하다.' 는 뜻.
*다붓하다; 조용하고 호젓하다(무서운 느낌이 들 만큼 고요하
고 쓸쓸하다).
*어제 비로 피고서 오늘 바람에 져가니 다붓타. 한껏 봄날
일, 비바람에 오감이; 宋翰弼의 偶吟(우음 - 우연히 읊다)에서.
花開昨夜雨(화개작야우) 어젯밤 비에 꽃이 피어나더니
花落今朝風(화락금조풍) 오늘 아침 바람에 지고마누나

可憐一春事(가련일춘사) 가엾다. 한갓 봄날의 일
往來風雨中(왕래풍우중) 비바람으로 오가는 것이.
- 송한필(宋翰弼); 조선 선조 때 학자. 호는 운곡 본관은 여산 송익필의 아우. 율곡(栗谷)은 '성리학을 논할 만한 사람은 익필·한필 형제뿐'이라고 말할 만큼 학문이 뛰어났었으나 庶出(서출)로 벼슬길에 오르지 못해 꽃을 피우지 못했다. 그는 이른 매화의 아픔을 이 시로 발산했다.
*깃들다와 깃들이다; '봄기운이 깃들다' '미소가 깃들다'처럼, '어떤 것이 아늑하게 서리거나 감정, 생각들이 어리거나 스미다'라는 의미를 갖는다. '깃들이다'는 '새가 나무에 깃들였다.' '우리 명산에는 곳곳에 사찰이 깃들여 있다.' 처럼 '조류가 보금자리를 만들어 살거나 사람이나 건물 등이 자리 잡다'라는 의미가 있다. (연세대학교 언어정보연구원)
*호호(好好); 두목의 증별이수(贈別二首)에 나오는 어린 가녀(歌女). 一·二首를 연(連)이어 살피자.
*시샘 달; 꽃샘추위가 있는 겨울의 끝 달. 사내(남자).
娉娉褭褭十三餘(빙빙뇨뇨십삼여) 애처로이 고운 열서너 살
荳蔻梢頭二月初(두구초두이월초) 이월 초순 가지의 두구화(豆蔻花)로구나
春風十里揚州路(춘풍십리양주로) 봄바람 불어오는 양주(揚州) 십리 길
卷上珠簾總不如(권상주렴총부여) 주렴 걷고 본들 어이 같으리.
- 두목이 대화(大和) 9년(835)에 양주를 떠나 장안(長安)으로 돌아갈 때 미(美)는 뛰어나나 아직 어린 가녀(歌女) 장호호(張好好)에게 준, 詩로 애처롭기 그지없다.
- 娉娉嫋嫋; 아리땁고 하늘거리는 모습.
- 荳蔻; 초여름에 꽃을 피우며 향기가 있다. 이월 초, 아직 봉오리 상태이기에, 열서너 살의 여자를 두구년화(荳蔻年華)라 했다.

*햇살이 흔들 때까지 눈물을 쌓고는; 其二. 替人垂淚到天明.
多情卻似總無情(다정각사총무정) 다정함이 도리어 무정함 같아
唯覺尊前笑不成(유각준전소불성) 잔 앞임에 웃음 짓지 못하니
蠟燭有心還惜別(납촉유심환석별) 촛불도 아니 이별을 슬퍼하여
替人垂淚到天明(체인수루도천명) 밝을 때까지 눈물 흘려주누나.
  - 준尊; 높다. 잔(盞)의 해음자.
  - 심(心); 심(芯)의 해음자.
  - 유심(有心); 심지. 자신의 마음.
  - 이른 매화(梅花)에 관한 세 詩.
당(唐) 詩人 장위(張渭)의 조매(早梅).
一樹寒梅白玉條(일수한매백옥조) 한 그루 겨울 매화 백옥 같은
가지에
逈臨村路傍溪橋(형림촌로방계교) 마을 멀리 다리목에 피었네.
不知近水花先發(부지근수화선발) 물 가까기 먼저 핀 줄 모르고
疑是經冬雪未銷(의시경동설미소) 겨울이 지났으나 채 녹지 않
은 눈인가 여겼네.
  - 한매(寒梅); 겨울에 피는 매화.
  - 張渭(장위); 당(唐)시인(721~780). 자 정언(正言), 하남성 사람
으로 진사를 지냈다.

梅花(매화) 王安石(왕안석)
墻角數枝梅(장각수지매) 담장 모퉁이의 매화 가지들
凌寒獨自開(능한독자개) 추위 속에서 홀로 피고서
遙知不是雪(요지부시설) 멀지나 눈 아님 아는 것은
爲有暗香來(위유암향래) 그윽한 향 때문이리니.
  - 暗香(암향); 그윽한 향(香). 어둠속 향기.
  - 왕안석(王安石); 당송팔대가 중 한 사람. 자 개보(介甫), 호 반
산(半山)이다. 장시성(江西省) 출신 송(宋)의 시인이자 문필가로 개
혁적 정치가로 균수법(均輸法), 청묘법(靑苗法), 시역법(市易法), 모

역법(募役法), 보갑법(保甲法), 보마법(保馬法) 등을 실시하였으나 당쟁으로 실패했다. 그의 개혁 정치는 보수파의 반감을 샀으나 글은 정적도 인정할 만큼 뛰어났다.

二月見梅(이월견매 이월에 본 매화) 唐庚(당경)
桃花能紅李能白(도화능홍이능백) 복숭아꽃 붉게 자두꽃 희게 피니
春深何處無顏色(춘심하처무안색) 봄 깊으니 어딘들 꽃빛이 없으리.
不應尙有一枝梅(불응상유일지매) 오히려 매화꽃은 한 가지에 여태 없으리.
可是東君苦留客(가시동군고류객) 봄 신(神)이 객인 그를 몹시 잡아 두고자 함이리.
只今已是丈人行(지금이시장인항) 이전에 피었을 때는 엄동이어서
向來開處當嚴冬(향래개처당엄동) 여태 흰 꽃은 희지 않고 붉은 꽃도 붉지 않고.
白者未白紅未紅(백자미백홍미홍) 지금은 이미 윗자리가 되었으니
肯與年少爭春風(긍여년소쟁춘풍) 애써 애송이들과 봄바람을 다투리오.
- 당경(唐庚); 자 자서(子西) 북송 미주(眉州) 단릉(丹稜) 사람. 그가 장무진(張無盡)에게 보낸 시로 매화는 군자, 도리(桃李 - 복숭아와 자두)는 소인배로 비유했다.

늙은 벗들

바리 진 봇짐으로 가없이 온 촉도(蜀道)
예서야, 다다르니 기다리는 빈 월선(月船)
나루터 없는 구만리(九萬里)
아홉 너울 헤쳐 갈.

청산(靑山)은 붉게 타나 도도(滔滔)한 물줄기
이러려 서둘렀나, 그예 이리 오르려
푸르다 못해 서린 병(甁), 헤아림, 잊고서.

눈시울 머문 노을, 차마 마주 못할 차
초승달(初生ⓒ) 등선(燈船)을 에우는 먹구름
부딪다.
채 놓아버린
하얗게 젖은 잔(盞).

*벗; 동무는 잘 아는 사이. 친구는 목숨도 나눌 수 있는 사이.
벗은 고독을 나눌 수 있는 사이.
*촉도(蜀道); 촉(蜀), 중국 쓰촨성(四川省)으로 통하는 극히 험
준한 길로 처세하기 어려운 상황을 이르거나 흔히 인생길을
비유함.
*월선(月船); 이승과 저승을 오간다는 배(舟). 널(棺).
*아홉 너울; 구천(九泉 - 땅속 깊은 밑바닥이란 뜻으로, 죽은

뒤 넋이 돌아가는 곳을 이르는 말).

*청산(靑山)은 붉게 타나 도도(滔滔)한 물줄기; 벗과 이별의 슬픔을 노래한 허혼(許渾)의 사정송별(謝亭送別), 紅葉靑山水急流을 가져왔다.

勞歌一曲解行舟(노가일곡해행주) 이별의 노래에 배 떠나가누나.
紅葉靑山水急流(홍엽청산수급류) 청산에 단풍은 붉게 타나 물은 급히 흐르네.

一暮酒醒人已遠(일모주성인이원) 해가 져 술 깨니 벗은 떠나고
滿天風雨下西樓(만천풍우하서루) 비바람 몰아치매 누를 내려오노라.

- 허혼(許渾); 당(唐)의 진사를 거쳐 여러 관직을 역임(歷任)했으며 자연의 정취를 즐긴 정열의 시인이었다. 율시(律詩 - 여덟 구로 이루어지며, 오언 율시와 칠언 율시가 있다)를 잘 지었으며 시(詩)에 수(水)자를 많이 쓴 탓에 그의 시(詩)를 읽으면 물에 젖는듯하다고 했다. 병으로 윤주 정묘교(丁卯橋)에 은거해 논집(論集)을 『정묘집(丁卯集)』이라 했으며 등고회고(登高懷古 - 높은 곳에 올라 뒤를 돌아보다)한 작품이 많았다.

*에우다; 사방을 빙 둘러싸다. 다른 길로 돌리다. 장부 따위에서 쓸데없는 부분을 지우다. 다른 음식으로 끼니를 때우다.

*등선(燈船); 배 위에 높이 등표(燈標)를 걸어 놓고 항로를 알려 주는 배.

*눈시울 머문 노을; 벗들의 눈시울에 든 노을은 왜? 함께 월선에 오르지 않는지….

*하얗게 젖는 잔(燒酒盞); 아비가 죽었다. 젖는 건 소복 입은 소주잔뿐이다.

언 하늘 부서지는 날

파도(波濤)를 일으킨 형체(形體) 없는 바람들
흐른 날을 거스르는 가을의 끝자락
가면(假面) 속 새하얀 진실(眞實),
잇대어 토로(吐露)한다.

펜리스 울음이 어둠을 울리니
어슷하고 낡삭은 층계(層階) 밑 가눔 터
풍정(風情)은 그대로건만, 세어진 귀밑머리.

한 잔(盞)이거니 마는 만(萬) 가지 이는 상념(想念)
발원지(發源地)로 거스르는 카키색 돈데 보이
언 하늘
부서지는 날
하늘에 묻는 장부(丈夫) 뜻.

*언 하늘 부서지는 날; 첫눈 오는 날.
*파도(波濤)를 일으킨 건 바람; 영화 '관상'의 마지막 장면에
천재 관상가 김내경이 바닷가에서 파도를 보며 한 독백(獨白),
'파도를 일으키는 건 바람이거늘 난 파도만 보았지 그 파도를
일으키는 바람을 보진 못했다.'
  벗들과 속초의 바다에서 바람이 파도를 일으키는 모습을 보
았다. 벗들 모르게 돌아서서 눈물을 훔쳤다. 아픔이 길게 이

어졌다. 파도도 보았고 이를 일으키는 바람도 보았음에도 더 중히 여긴 의(義)로 말미암아 애써 외면함으로 온 삶은 끝 모르게 찬란한 고난이었다.

이 시는 김내경의 그 한마디에서 나왔다. 그 말, 그 장면이 아리어 몇 번이나 보았다. 이제도 김내경를 만나면, 그는 가공의 인물이니 송강호이리라, 몇 대 쥐어박고 싶을 만큼 그 말이 처절하다. 송강호는 어떤 심경이었는지 매우, 궁금하다.

*새하얀 가면(假面); 눈(雪)이 나리다.

- 우리에게 소개된 가면(假面) 뮤지컬이 있다. '오페라 유령'은 크리스틴을 중심으로 팬텀과 라울의 삼각관계를 그렸다면, '팬텀'은 서정적 클래식 음악이 흐르는 가운데 내면을 그렸다. 캐롤 마리넬리의 『가면 속 진실』은 어린 시절 자신을 버린 부모에의 상처를 안고 복수심으로 수많은 난관을 이겨 온 '자카르', 복수심을 흔드는 '라비니아'에게의 명대사, 명장면이다.

"난 이 복수를 완성해야만 하오…."

모두 가면 속에 감춰진 우울한 고독이다.

*잇대어 토로(吐露)한다.; 눈바람 소리.

*토로(吐露); 속마음을 죄다 드러내어 말함. 토파(吐破).

*가면(假面) 속 새하얀 진실(眞實), 잇대어 토로(露吐)한다; '가면(假面) 속은 인간(人間)의 진실(眞實)이 숨어들 수 있는 유일(唯一)한 곳이다'

*울리던; '던'과 '든'. 던(경험). 든(미정)이다.

*펜리스(Fenris); 북유럽 신화에 나오는, 신을 잡아먹는 괴수 늑대로 '펜(습지)에 살기에 붙여진 이름이다. 사신(邪神) 로키와 거인 여인 앙그르보다 사이에서 태어난 세 자녀 중 하나로, 바나르간드(파괴의 지팡이)로도 불리며 해와 달을 쫓는 괴수 늑대 스콜과 하티 흐로드비트니손을 자녀로 두고 있다. 신들의 세계가 멸망하는 날, 음모에 빠져 묶인 사슬을 끊고 신들의 세계를 습격하여 북유럽 최고의 신 오딘을 한입에 삼켜

버리나 신들의 함정으로 오딘의 아들 비다르에게 죽음을 당한다. 악의 신 대명사로 알려져 있으나 모습이 흉측할 뿐이지 악행의 흔적이 없는 억울한 오명(汚名)일 뿐이다. 밤처럼. 밤은 그 스스로 악행(惡行)을 저지른 적도 저지르지도 않는다. 억겁을 이어 오명을 쓰고 있다.

*펜리스 울음; 도시의 번잡한 소리들.

*카키색(khaki色); 탁한 황갈색(주로 군복에 많이 쓴다). 암울함. 늦가을.

*Donde Voy; 1989년 발표한 멕시코계 미국 가수 티시 이노호사(Tish Hinojosa)의 미국에 불법 이민하려는 한 멕시코 여인의 애환과 두고 온 연인을 그리워하는 노래로 그녀는 일약 스타반열에 올랐다.

*풍정(風情)은 그대로건만, 세어진 귀밑머리; 賞蓮(상련 - 연꽃 감상). 郭預(곽예).

賞蓮三度到三池(상련삼도도삼지) 연꽃 보려 세 번 찾은 삼지
翠盖紅粧似舊時(취개홍장사구시) 푸른 잎 붉은 꽃 예 그대론데
惟有看花玉堂老(유유간화옥당노) 다만 꽃 보는 옥당의 늙은이
風情不減鬢如絲(풍정불감빈여사) 풍정은 그대로건만, 세어진 귀밑머리.

- 풍정(風情); 정서(情緒)와 회포(懷抱)를 자아내는 풍치나 경치. 풍회(風懷).

- 곽예(郭預); 고려(1232. 고종 19~1286 .충렬왕 12) 문신. 호는 연담(蓮潭). 충렬왕 때 좌승지(左承旨)를 지냈으며 필법(筆法)이 뛰어났었다.

*하늘에 묻는 장부(丈夫) 뜻; 지난날, 오직 꿈으로 버틴, 이제 그 꿈을 하늘마저 언 날 스스로 언 하늘에 깊이 묻어야 할 때가 되었다. 아들의 때에 언 꿈이 녹기를 바라며….

ᄒ운ᄀ(寒雨歌)

ᄀ지 닢 그텟는 ᄎᄂᆞᆫ식 기운 ᄃᆞᆯ
ᄉᄆᆺ 내 슬허 ᄒᆞᆫ ᄆ대 ᄂᆞ모 내음새.
오ᄂᆞᆯ은   ᄎᆞ비   ᄆᆺᄋᆞ시니   녹ᄋᆞ   ᄌ
ᄅ식 ᄒᄂᆞ노매ᄅᆞ.

또 ᄒᆞᄂᆞᆯ 좃ᄉᄇᆞ니 배ᄶᆞ된 기대로
댱ᄆᆞ저 ᄂᆞ리ᄂᆞᆫ 오힐여 ᄃᆞᆯ은 ᄎᆼ
ᄂᆞᆷ녁을 우는 야ᄆ떼, 여시히 노닐 진데.

기엉머리 ᄀ리도록 도포(道袍) 깃 셰오고
혼엇ᄃᆞ. 헤 ᄠᆞ는 ᄇᆞ룽객 통소 소리
목설에   노올이   ᄃᆞ니   ᄆᆞ   쇠   ᄂᆞ로   ᄐᆞ오ᄅᆞ
ᄂᆞ ᄃᆞ.

- 해설 -
가지 잎 끝에는 차는 가 기운 달(月)
사뭇 내 슬퍼 한 마대(麻袋)의 나무 내
오늘은 찬비 맞았으니 녹아 잘 가 하노라.

또 한 날 조아리니 틀어진 그대로
휘장(揮帳)마저 내리는 오히려 닫은 창(窓)
남녁을 우는 야마(野馬) 떼, 여시(如是)히 노닐 진데.

귀밑머리 가리도록 도포(道袍) 깃 세우고
한(恨)없다. 헤매는 방랑객(放浪客) 퉁소 소리
목설(木雪)에 노을이 드니 무쇠 난로(煖爐) 타오른다.

*한우가(寒雨歌); 백호(白湖) 임제(林悌)의 한우가(寒雨歌)에서
제목과 뜻을 차음하다. 『해동가요』와 『청구영언靑丘永言』에 나
오는 조선 선조 때 당쟁(黨爭)이 싫어 유랑(流浪)한 조선의 음
유시인 임제(林悌)와 어딘가 차가운 듯 요염(妖艶)한 평양 기
생 한우(寒雨-찬비) 사이에 주고받은 시조이다.
 백호(白湖)는 서도병마사로 임명되어 가는 길에 황진이의 무
덤을 찾아 시조 한 수를 짓고 술을 올렸다가 임지에 부임도
하기 전에 파직당한 그 주인공이다. 중용을 800번이나 읽고
법도에 얽매이지 않아 기인(奇人)으로 취급당하기도 했다.
 나주(羅州)가 본관인 명문가(名文家) 사대부(士大夫), 이도 관
료가 임지로 가는 길에 천한 기생년 따위의 무덤을 찾아 술을
올리며 시문을 지어 바친 것을 보면 알 수 있다.
칼과 피리를 좋아하고 방랑으로 술과 여인을 친구로 두는 등
성격이 호방(豪放-작은 일 따위에는 거리낌이 없음)했으며 그
를 싫어하는 자들도 그의 글을 칭찬할 만큼 명문장가였다.
 『수성지(愁城誌)』『화사(花史)』『원생몽유록(元生夢遊錄)』등 3
편의 한문소설과 『임백호집』4권과 황진이 무덤 앞에서 읊은
시조 한 수 외 2수의 시조를 남겼다.
*오늘은 춘비 맞으시니 녹아 줄신 하노라; 기생 한우(寒雨)
에게 넌지시 수작(酬酌)을 걸자 한우(寒雨)가, 화답한 기생 한
우(寒雨)의 詩이다.

북천北天이 밝다커늘 우중雨裝 업시 길을 느니
산의는 눈이 오고 들에는 춘비 로드

오늘은 츤비뭋ᄌ시니 얼어 줄신ᄒ노ᄅ.

 이에 한우(寒雨)가 즉흥, 화답했다.
어이 얼어 ᄌ리 므스일 얼어 즐리
원ᄋᆼ침(鴛鴦枕) 비취금(翡翠衾)을 어듸 두고 얼어 즐리
오늘은 츤비 뭋ᄎ시니 녹ᄂ 줄신 ᄒ노ᄅ.

 가(可)히, 명기(名妓)와 선비의 속(俗)됨이 이리 고상(高尙)타니, 『청구영언』은 1728년(영조 4)에 김천택이 『해동가요』는 1755년(영조 31)에 김수장이 편찬했다. 1876년(고종13년) 박효관·안민영이 편찬한 『가곡원류(歌曲源流)』와 3대 가곡집이다.

 그는 자녀들에게 이런 유언을 남겼다.
"천하의 나라가 다 제왕이라 일컫거늘 오직 우리나라만 일컫지 못하니, 이런 나라에서 태어나 죽는 것이 무엇 슬프리오. 나 죽거든 울지 말라"
소인배로 채워진 조정에 적응치 못했음이 당연했으리라. 가히 백호(白湖 - 호수나 바다가 푸름은 하늘빛에 물듦이거늘, 하늘빛에도 물들지 않은 흰 호수)이다.
*ᄆ대(麻袋); 삼실로 짠 자루.
*배쏙; (순우리말) 대수롭지 않은 일에도 곧잘 틀어지는 모양.
*또 한ᄂᆞᆯ 애원(哀願)ᄒᄂ 배쏙된 그대로; 창문을 두들기는 비.
*야마(野馬); 아지랑이.
*여시(如是)히; 상태, 모양, 성질 따위가 이와 같게.
*헤-뜨다; 헤매며 떠돌다.
*혼엇ᄃ. 헤매는 ᄇᆞᆼᄅᆞᆼ객(放浪客) 퉁소소리; 겨울비 소리.
*목설木雪; 목설(木屑 - 톱밥). 雪은 屑의 해음자(諧音字). 찬비 내리니 톱밥 난로의 불을 지피다.

돌아오지 않는 잔(盞)

피었다 지는 꽃, 봄인들 어이 하며
오가는 저 구름, 산(山)인들 어이 하리
탓할 수
없는 탓이거늘
토(吐)하는 잎 새 떼.

일천 번(一千番) 날아 지은 허물어진 까치둥지
그리 거스를지나 이울어 가는 달
어제야,
그러련마는
잇대어 갈 내일.

포장마차(布帳馬車) 화(火)덕에 먹장어 익고서
젖은 채 떠도는 동동주(酒) 알알이
거꾸로
저을지언정,
돌아오지 않는 잔(盞).

*김시습(金時習) 사청사우(乍晴乍雨 변덕스러운 날씨)
乍晴還雨雨還晴(사청환우우환청) 개이다 오는 비 오다 개이니
天道猶然況世情(천도유연황세정) 하늘의 뜻도 이러함에 하물며
세상 인정이리.

譽我便是還毀我(예아변응환훼아) 나를 기리다 돌아서서 헐뜯고

逃名却自爲求名(도명각자위구명) 공명을 떠난다나, 저마다 이를 구하니

花門花謝春何管(화개화사춘하관) 꽃이 피었다가 짐을 봄이 어이하며

雲去雲來山不爭(운거운래산부쟁) 구름이 오가는 것을 산인들 어이 하리

寄語世人須記憶(기어세인수기억) 인생들이여, 새겨 담을 것은

取歡無處得平生(취환무처득평생) 얻은 기쁜 일이 생 내내 머물지 않는다는 것을.

- 만 3세 때 솔잎에 맺힌 이슬을 보고 지은 시는, 천재의 삶이 참 아리다.

桃紅柳綠三春暮(도홍유록삼춘모) 복사꽃 붉고 버들 푸르니 삼월도 저물어 들고

珠貫靑針松葉露(주관청침송엽로) 푸른 침으로 구슬을 꿰니 솔잎의 이슬이네.

- 매월당((梅月堂) 김시습; 조선 초기 생육신 한 사람으로, 21세 때 세조가 어린 조카 단종 임금을 내쫓고는 왕위를 빼앗자 통곡하며 책을 불사르고 중이 되어 온갖 기행으로 일삼았다. 매월당처럼 떠돌며 기행을 일삼을 배포가 없으니 詩 세계나 떠돌며 기행시(奇行詩)를 읊을 수밖에….

- 원래 시제(詩題)를 '돌지 않는 잔(盞)'으로 했었다. 세상이 돌고 하늘이 돌고 너도 돌고 나도 돌고 동동주도 저리 돌건만, 돌지 않는 잔(盞). 돌아오지 않는 날들, 그러다 오래전 영화 '돌아오지 않는 강(River of No Return)'을 떠올리고 바꾸었다. 메릴린 먼로의 풍만함으로만, 관객을 사로잡으려 했는지, 엉성한 줄거리와 인디언 공격으로 뗏목을 타고 떠내려가는 마지막 장면과 제목만 남았다. 하기야 인생 자체가 엉성한 줄거리 영화인 것을….

참을 수 없는 우울(憂鬱)

금음(琴音)은 예전이나 음감(音感) 잃은 악공(樂工) 손
막 채색(彩色)되려 할 즈음 남은 빛 거두고

눈보다 창백(蒼白)한, 차갑게 타는 잔(盞)
바람의 빈 거리(距離) 허공에 인 먼지
참을 수 없는 잿빛 우울(憂鬱), 다잡지 못하다.

무지개 뜨지 않는 시티 나이아가라
켜켜이 개킨 나날, 롤링과 피칭에
안개의
하녀(下女) 선창(船倉)가
모로다 웅크렸다.

억겁(億劫)의
길을 들더니,
찰나(刹那)로 이른 노을.

*악공(樂工); 악기를 다루는 사람. 삶. 시인 자신(自身).
*눈보다 창백(蒼白)한, 차갑게 타는 잔(盞); 주 유리잔.
*무지개 뜨지 않는 시티 나이아가라; 나이아가라 폭포에는 늘
서너 개의 무지개가 뜬다. 위층의 물소리가 나이아가라 폭포

같이 요란하다. 무지개는 뜨지 않고.
*롤링(rolling); 배나 비행기가 좌우로 흔들리는 일.
*피칭(pitching); 배나 비행기 따위가 앞뒤로 흔들리는 일.
*안개의 하녀; 나이아가라 폭포의 유람선.
*찰나로 이른 노을; 엊저녁 다시는 돌아오지 않을 듯 매몰차게 서녘으로 떠나던 노을이 동녘에서 찰나로 다시 튼다.
- 이 詩는 '참을 수 없는 우울(憂鬱)' 이란 제목의 그림 장 안투안 와토(JEAN-ANTOINE WATTEAU 1684~1721)의 대표작 보는 순간 시상이 떠올라 그렸다. 그림은 당시 새로 등장한 로코코 양식에 결정적인 영향을 준 탓으로 칭송받았으며 그림의 주제는 연극 하나를 묘사하면서부터 출발했다.
우울함을 저 스스로 어찌 못해 쓴 시 하나 읽자.
自恨(자한) 자신을 슬퍼하다. 梅窓(매창)
春冷補寒衣(춘냉보한의) 봄날이 찬듯하여 겨울옷을 기우는데
紗窓日照時(사창일조시) 사창으로 따사로운 햇살이 들기로
低顔信手處(저안신수처) 머리를 숙이고는 손길대로 맡겼더니
珠淚滴針絲(주루적침사) 구슬 눈물에 바늘과 실이 젖누나.
- 紗窓; 깁 바른 창(窓). 부잣집이나 격조를 따지는 집에서는 명장지 다음에 갑사 천을 바른 사창을 하나 더 달기도 했다.
- 이매창(李梅窓, 1573~1610)은 조선 선조 때 부안(扶安) 기생. 본명 향금(香今), 호 매창(梅窓) 또는 계생(桂生·癸生), 계랑(桂娘·癸娘) 등으로 천민 출신 시인 유희경·이귀·허균 등과도 교유한 뛰어난 시인으로 서른여덟에 사망하기까지 수백 편의 시를 남겨 회자(膾炙 - 회와 구운 고기라는 뜻으로, 널리 사람의 입에 자주 오르내림) 되었으나, 거의 사라졌다. 잘 알려진 시 하나 더 보자.
梨花雨(이화우) 훗쑤릴제 울며 줍고 離別(이별)ᄒ 임
秋風落葉(추풍낙엽)에 저도 늘 싱극ᄂᄀ
千里(천 리)에 외로 운 쉼믄 오륵ᄀ룩 ᄒ노매.

해는 생(生)피를, 달은 바람을 토(吐)한다

지평선(地平線) 저 너머 두고 온 꿈 그리는
풍기죽(風旗竹) 춤에도 노래 잃은 까마귀
북(北)으로 난 쪽창(窓)에는
이울어 가는 들 빛.

태양(太陽)이 겨워 든 맨홀 나온 땅거미 떼
또 하룻날 냉(冷)골에서 파랗게 질렸다.
투박한 질 잔(盞)이건만, 비우니 차는 허무(虛無).

한 곡조(曲調) 피리에 늘 낯선 둥우리
갈피 없이 헤매는 허공(虛空)에 뜬 취기(醉氣)
기어(期於)이,
해는 생(生)피를
달은 바람을 토(吐)한다.

*풍기죽(風旗竹); 긴 헝겊을 매달아 풍기대에 꽂아 놓던 대나
무. 헝겊이 펄럭이는 모양으로 바람의 방향을 알았으며 꼭대
기에는 까마귀가 앉아 있다.
*북녘으로 난 쪽창(北窓)에는 이울어 가는 들 빛; 밤 깊으니
자동차 불빛도 잦아만 들고….
*태양(太陽)이 겨워 든 맨홀 나온 땅거미 떼; 어둠이 맨홀에
숨어든 것은 태양이 겨워서이다. 지는 태양에 맨홀을 기어 나

오니 땅거미가 두려워 새파랗게 질린 채 냉장고에서 떠는 소
주병이 있다.
*투박한 질 잔(盞); 세상살이.
*한 곡조(曲調) 피리; 일상의 반복된 같은 일.
*늘 낯선 둥우리; 고독.
*기어(期於)이, 해는 생피를 달은 바람을 토(吐)한다.; 노을이
들었다가 밤 깃드니 바람이 분다.
*이 詩의 초장은 당나라 중기 이익(李益)이 황제 명으로 북방
원정길을 나선 군을 따라가서 본 병사들의 고된 삶과 슬픔을
노래한 從軍北征을 표절(剽竊)하다시피 했다.
從軍北征(종군북정 - 따라나선 북방 원정길)
天山雪后海风寒(천산설후해풍한) 천산에 눈 내려 바람서리고
横笛偏吹行路难(횡적편취행로난) 험한 인생 피리로 노래하니
碛里征人三十万(적리정인삼십만) 센 사막 가운데 병사 삼십만
一时回首月中看(일시회수월중간) 다 고개 들어 달을 쳐다보네.
달빛 내리는 황량한 사막에서 30여만 병사들은 피리 소리에
모두 달을 본다. 무슨 생각을 할까?
- 천산(天山); '하늘의 산'이라는 뜻. 중국 서부 신장웨이우얼
자치구와 카자흐스탄, 키르기스스탄, 우즈베키스탄 등에 걸친
거대한 산맥.
- 海: 바다가 아닌, 해음자(諧音字)로 롄산산맥 아래 있는 청
해호(清海湖)이다.
- 偏吹; 오직 한 곡조만이 계속 들려온다.

늙은 아내

한 마당 그러하다.
속절없이 흘렀다.
봄볕보다 더한 성화(成火),
일껏 나선 둘레 길
한 햇살 두 눈보라 옥설(玉雪)로 쌓인 서환(瑞花) 잎
도파니,
이 내 탓이라니,
오토(烏兔)의 희롱(戲弄)을.

*한 마당; 인생.
*봄볕보다 더한 성화; 아내의 성화.
*서화(瑞花); 풍년이 들게 하는 꽃으로 눈(雪)을 뜻함.
*옥설(玉雪); 백옥같이 흰 눈. 아내의 흰머리를 미화함.
*도파니; 이러니저러니 할 것 없이 죄다 몰아서. 통틀어.
*오토(烏兔); 세월. 해와 달(해 속에 까마귀가 달 속에 토끼가
산다는 데서).
*오토(烏兔)의 희롱(戲弄); 자신의 늙음이 내 탓이라니, 세월의
희롱 탓이건만, 늙은 아내에의 연민. 은근히 자신의 탓에서는
빠져나간다.
- 이 판에 아내나 연인을 감동케 할, 한 수 시도 좋으리라.
당(唐)시인 원진(元稹)이 먼저 간 아내를 그리며 읊은 열 편의
연작시(連作詩) 중 널리 알려진 시 이사(離思 - 헤어짐의 슬
픔) 이다. 오 수(五首)중 네 번째(四首) 詩가 잘 알려져 있다.

원진은 25세 때 대시인 백거이와 함께 같은 과거에 합격하여 서로 일생 시 벗이 되었다. 그의 시풍(詩風)을 원화체(元和體)라 했는데, 일언(一言)하고 사수(四首)를 소개하면,

離思(이사-헤어짐의 슬픔)
曾經滄海難爲水(증경창해난위수) 푸른 바다를 보니 모든 강이 하찮고
除卻巫山不是雲(제각무산불시운) 무산의 구름만이 정녕 구름일지니
取次花叢懶回顧(취차화총라회고) 꽃 무리를 지나나 눈 곁 주지 않음은
半緣修道半緣君(반연수도반연군) 도를 닦음과 그대 생각 때문이라네.
- 화총(花叢); 꽃 무리. 예쁜 여인들. 아내 이름 위총(韋叢)을 빗댄 표현이다.
　문장의 아름다움에 중국인이 좋아하는 148개 문장 중 하나로 택(擇) 되었으며 아내 외에는 하늘 아래 어느 여인도 눈에 들어오지 않음을 노래했다. 사랑하는 이에게 그 뜻과 함께 읊조리면 가슴을 울리지 않을 여인이 있으랴? 문자나 E-mail이 아니라 한 1,000번쯤 연습해서 화선지에 묵향(墨香) 물씬한 친필이라면….

짬에 아내가 귀양살이 남편을 그리워하며 보낸 시 한 수.
醉花陰(취화음 - 꽃그늘 아래서 취(醉)하다) 李淸照(이청조)
薄霧濃雲愁永晝(박무농운추영주) 안개구름 짙고 하루 내내 시름에 젖으니
瑞腦消金獸(서뇌소금수) 놋쇠 향로에 향불 스러지고
佳節又重陽(가절우중양) 어느덧 다시 중양절 드니
玉枕紗廚(옥침사주) 옥 베개 깁 방장에

半夜凉初透(반야양소투) 밤 깊으니 스산함만이 스며드네.
東籬把酒黃昏後(동리파주황혼후) 동녘 화원 울에서 노을이 지도록 술잔을 기울이니
有暗香盈袖(유암향활수) 국화꽃 그윽한 향이 옷소매에 적시어 드네.
莫道不消魂(막도불소혼) 그리움에 넋인들 상하지 않았으리.
簾捲西風(염권서풍) 주렴 흔드는 소슬바람에
人比黃花瘦(인비황화수) 내 모습 시든 국화보다 여위웁니다.

- 서뇌(瑞腦); 용뇌향(龍腦香).
- 서용뇌(瑞龍腦); 당(唐) 현종 말년 교지국에서 조공품으로 용뇌를 진상했는데 모양이 매미 고치 같고 십 보 밖에서도 진한 향이 나는지라 이를 서용뇌라 불렀는데 황제는 이를 오직 양귀비에게 10여 개를 하사했다. 황제가 황실 종친과 바둑을 둘 때 황제가 불리함을 알고 양귀비가 품의 강아지를 내려놓자 바둑판을 짓밟고 황제의 품에 뛰어들어 황제가 기뻐했다. 마침 바람이 불어 양귀비 목에 두른 수건이 악공 하회지에 날아갔다. 난리로 잠시 몸을 피한 황제가 평정되어 궁으로 돌아와 양귀비를 그리워하자 하회지가 그 수건을 황제에게 드리자 현종이 '이가 서용뇌의 향이로구나'며 눈물을 흘렸다. 이청조는 자신의 향을 맡아줄 남편이 없음을 이로 빗대었다. 가(可)히 그녀이다.
- 금수(金獸); 쇠로 만든 짐승모양 향로.
- 중양(重陽); 음력 9월 9일 중앙 절. 국화주를 마시는 풍속이 있음.
- 사주(紗廚); 비단 장막.
- 동리파주(東籬把酒); 도연명 詩 음주(飮酒)의 채국동리하(採菊東籬下). 동쪽 울타리 아래에서 국화를 따다. 에서 가져온 것 같다.
- 황화(黃花): 국화.

- 莫道不消魂, 簾捲西風, 人比黃花瘦. 가히 쇄금(碎金-금의 부스러기. 금을 깨뜨리면 빛이 더 찬란하다는 뜻으로, 아름다운 시나 문장을 가리키는 말)이다. 지방관으로 떠난 남편을 그리워하며 지은 시다. 감동한 남편 조명성이 취화음(醉花陰)이란 같은 제목으로 50수를 지어 아내의 시와 함께 친구에게 보여주니 이 세 구절만 택했다. 금슬이 좋았으나 남편이 일찍 떠나고 재혼에 실패하는 등 '천고 제일 재녀(千古第一才女)'로 불린 그녀였으나 조선이나 그들이나 많은 여류시인(女流詩人)들이 그러했듯이 삶이 불행했다. 이 시는 이안거사(易安居士) 이청조가 송나라 문단에 알려진 계기가 된 작품으로 현재 진결여의 노래로 잘 알려져 있다. 내친김에 그녀의 시 한 수 더.

孤雁兒(고안아 - 외로운 기러기)

小風疏雨蕭蕭地(소풍소우소소지) 살랑 이는 바람에 소슬 비 쓸쓸히 땅에 지고

又催下千行淚(우최하천행루) 다시 천 갈래 눈물이 앞 다투듯 흐르네.

吹簫人去玉樓空(취소인거옥루공) 퉁소 불던 임 떠난 빈 옥루에

腸斷與誰同倚(장단여수동의) 애간장 끊어지나 의지할 이 없고

一枝折得(일지절득) 꽃가지 하나 꺾어 지니나

人間天上(인간천상) 인간 세상이나 천상일 일진들

沒個人堪寄(몰개인감기) 이 꽃 맡길 이 없으니.

먼저 떠난 남편을 그리며 자신을 꽃가지로 빗댄 마음이 절절하다. 짧은 행복에 긴 슬픔이 참 애달다.

3부

금(琴)은 새(鳥)도 울리는
소리가 있건만

3부

금(琴)은 새(鳥)도 울리는 소리가 있건만

날아라! 상념(想念)들이여!
시공간(視空間) 저 너머

무상(無想)을 알고는 바람이 된 나뭇잎
자아(自我)를 가리든 페르소나 깨뜨리니
일상(日常)은 그대로임에, 춤추는 금(金)물결.

북녘에 구름이니 서녘 땅 비 내리고
도무지 갯가로, 내모는 바람에
나듦을 잇대는 결에, 먼 산(山)을 보누나.

구름을 가른들 노을이 서러운 산(山)
서리 진 달빛은 차기만, 하고서
날아라, 상념(想念)들이여, 시공간(視空間) 저 너머.

*상념(想念); 마음속에 떠오르는 여러 가지 생각.
*무상(無想); (불교) 일체의 상념(想念)이 없음.
*자아(自我); (심리) 자기 자신에 대한 의식이나 관념. 정신 분석학에서는 이드(id), 초자아와 함께 성격을 구성하는 한 요소로, 현실 원리에 따라 이드의 원초적 욕망과 초자아의 양심을 조정한다.
 (철학) 대상의 세계와 구별된 인식·행위의 주체이며, 체험 내용이 변화해도 동일성을 지속하여, 작용·반응·체험·사고·의욕의 작용을 하는 의식의 통일체.

*페르소나(persona); (라틴어) 연극배우가 쓰는 탈. 내면을 감
춘 인간의 드러난 위선.
*금(金)물결; 노을빛에 일렁이는 물결.
*왜(倭)바람; 방향이 없이 이리저리 마구 부는 바람
*북녘에 구름이니 서녘 땅 비 내리고; 내일 모를 인생(人生).
*서리 진 달빛은 차갑기만 하고서; 난설헌의 紅墮月霜寒 에서.

- 난설헌; 초희. 허엽의 딸로 태어나 난(蘭)처럼 살다 간 여인
이었다. 당시 여성들에겐 이름을 가지지 못하였지만 이름을
가진 것으로 볼 때 다른 사대부 집안과는 다르게 열린 집안이
었다. 허엽은 딸에게도 당대 뛰어난 문인인 오빠 허성, 그녀
에게 가장 많은 영향을 끼친 둘째 오빠 하곡 허봉, 홍길동전
의 저자 동생 허균과 같은 교육을 했다. 가정은 시어머니의
몰이해와 무뚝뚝하고 아내에게 열등의식에 사로잡힌 남편 김
성립, 두 아이를 병으로 모두 잃고 그 슬픔에 유산하는, 불행
했다. 삼한(三恨-세상 많은 나라 중에 조선에 태어남, 여인으
로 태어남, 그 많은 남자 중 김성립의 아내가 됨)의 아픔을
詩로서 달랬으나 그로 건강을 잃고 자기 죽음을 예견하고는
스물일곱 나이에 떠나갔다. 이 시향(詩香)을 만인의 가슴에 묻
게 한 채.
碧海浸瑤海(벽해침요해) 푸른 바닷물 구슬 바다 스미어
靑鸞倚彩鸞(청란의채란) 푸른 난 새 채색 난 새에 기대네.
芙蓉三九朵(부용삼구타) 부용꽃 스물일곱 송이 붉게 지니
紅墮月霜寒(홍타월상한) 달빛 서리 위에 차기만, 하여라.
 후에 동생 허균이 1606년 그녀의 시집(詩集)을 조선에 온 명
나라 사신들에게 보이자 감동한 사신 주지번이 가져가 중국에
서 『허난설헌 집』을 발간하자 중국 문인들이 격찬했으며 18세
기에 일본으로도 전해져 큰 호응을 받았다. 김성립은 임진왜
란 때 의병으로 참전했다가 전사했다.

*날아라! 상념(想念)들이여; 죽기 전에 꼭 봐야 할 오페라라는 19세기 이탈리아의 작곡가이며 주로 오페라를 작곡한 베르디 (Giuseppe Fortunino Francesco Verdi), 한 남자를 두고 자매간 삼각관계의 애증(愛憎) 4막의 오페라 나부코.

 1막 솔로몬 성전.
 최대 제국 바벨론 왕 나부코(Nebuchadnezzar II)가 예루살 렘을 침략해 오자 대제사장 스가랴(Zaccaria)는 나부코의 딸, 페네나(Fenena)를 데리고 오면서 '이 여자가 우리 손에 있는 한 염려할 것 없다'며 백성들을 진정시킨다. 예루살렘 왕의 조카이자 군사령관인 이스마엘(Ismaele)은 예루살렘 왕의 사 절로 바벨론에 갔을 때 만나 사랑하는 사이가 되었기에 페레 나를 구해 주려 한다.
 그리 미남도 아닌, 이스마엘을 연모한 침략군 총사령관 나부 코의 큰딸 아비가일은 그에게 지금이라도 자신을 사랑한다면 백성을 살려주겠다고 말했으나 거절당한다. 사카리아가 페네 나를 죽이려 하자 이스마엘은 그녀를 구하고, 대규모 병사를 끌고 도착한 나부코는 이스라엘 신 여호와를 모욕하면서 솔로 몬 성전을 불태우라고 명한다.

 2막 바빌론 왕궁
 아비가일은 자신의 어머니가 천한 노예라는 이유로 왕위를 동생 페네나에게 물려주려 한다는 것을 알게 되고 사랑하는 남자마저 동생에게 빼앗긴데다가 아버지에게 대한 배신과 버 려짐으로 분노에 사로잡힌다. 페네나가 히브리인 인질들을 풀 어주려는 것을 본 바벨론 제사장 사카리아는 아비가일을 부추 겨 나부코가 죽었다는 소문을 퍼트리고 페네나를 죽일 계획을 세운다. 페네나가 자신의 스승 사카리아에게 히브리인 신 여호와를 믿겠다고 하자 사카리아는 이를 사람들에게 알린다. 나부코가 돌아와 자신이 신이니 자신을 숭배하라고 명하는 순간 벼락이 떨어져 나부코는 정신을 잃는다. 아비가일은 떨어진 왕관을 재빨리 머리에 쓴다.

3막 바빌론왕궁과 유프라테스 강가
바벨론의 공중정원(Hanging Garden)에서 바알 신전의 대제사장과 백성은 새로운 통치자 아비가일을 환호하고, 왕좌에 오른 아비가일은 혼미한 나부코에게 히브리인들을 죽일 문서에 서명을 강요한다. 나부코는 문서에 페네나가 포함되었다는 사실을 뒤늦게 알고 페네나를 살려달라고 애원하나 아비가일은 자신의 출생 비밀 서류를 찢어버리고는 나부코를 감금한다. 증오심에 불타는 아비가일은 동생 페레나와 이스마일은 물론 모든 히브리인을 죽이려한다. 제사장 사카리아는 바벨론의 멸망을 예언하고 히브리인들은 유프라테스강 강가에서 잃어버린 조국을 그리워하며 '날아라! 내 상념이여 금빛 날개를 타고'를 부른다.

4막 바빌론 왕궁
충성스런 부하들에 의해 왕좌를 되찾은 나부코는 형장으로 끌려가는 페네나와 히브리인들을 구출한다. 출신에의 비탄함과 권세도 사랑도 모두 잃은 아비가일은 회한(悔恨)과 영화(榮華)나 애증(愛憎)도 순간(瞬間)의 상념(想念)일 뿐임을 알고 독약을 마시고 페네나에게 용서를 구한다.
"나약하게 죽어가는 나, 용서해줘 페레나, 신이여 둘의 사랑을 이루어 주세요."
죽어 가는 가련한 딸을 안고 오열하는 나부코….

1842년 3월 9일 밀라노의 라 스카라 극장에서 초연되었을

때, 바벨론 포로가 된 히브리인들의 박해 속에서도 희망을 꿈
꾼 이 노래는 오스트리아 압정 하의 밀라노 사람들이 포로 된
유대인을 자신들의 처지에 빗댄 나머지 열띤 환호와 함께 이
합창을 국가(國歌)인 양 불렀다. 노래는 절망에 빠진 이탈리아
국민들에게는 아침 햇살에 빛나는 금빛 날개였다.

"삶이란, 한순간(瞬間) 무대(舞臺)이다. 인연(因緣)이라는"

수묵화(水墨畵)

홍진(紅塵)을 떠나서 강호(江湖)에 든단 약속(約束)
그제 떠난 산객(山客)은 예 일러 웅크릴 제
이를 길 가마아득해 우두커니 서누나.

입때껏 넘실거리는 멧부리 운해(雲海)로.
바랜 바랑 헤치어 하나 더 띄워 예니

낯익은 호젓함 덩그런 마음자리
그리나 놓았건만, 이리나 가없어
또 한 맘 내려놓으려 접어든 자드락길.

돌연(突然)히, 미망(迷妄)의 숲에서
재우치는 두견(杜鵑)이.

백팔(百八) 고개 들으나 바람은 여구(如舊)하고
또 한 마디 터지는 빛바랜 구절장(九節杖)
인정(人定)은
열반(涅槃)에 드나
바랑에 찬 염화(炎火).

*홍진(紅塵); 햇빛에 비치어 벌겋게 이는 티끌. 속된 세상

*강호(江湖); 강과 호수. 세상. 호해(湖海). 속세를 떠난 선비가 살던 시골이나 자연.

*산객(山客); 철쭉.

*바랑; 승려가 메는 배낭(背囊)이 변한말이다. 예서는 마음.

*미망(迷妄); 사리에 어두워 갈피를 잡지 못하고 헤맴. 또는 그런 상태.

*여구(如舊)하다; 옛날의 모양이나 상태와 다름이 없다. 여전(如前)하다.

*구절장(九節杖); 九節竹杖(승려가 짚는, 마디가 아홉인 대나무 지팡이).

*열반(涅槃); 모든 번뇌에서 벗어난, 영원한 진리를 깨달은 경지. 멸도(滅度). 덕이 높은 승려의 죽음. 입적(入寂).

*인정(人定); 사찰의 종(鍾). 조선 시대에 밤에 통행을 금지하기 위하여 종을 치던 일. 매일 일경 삼 점(一更三點)에 28번을 쳤는데 이에 따라 성문(城門)을 닫았다.

*열반(涅槃)에 든 인정(人定); 멎은 인정 소리.

*염화(炎火); 세게 타오르는 불. 마음속에 이는 격렬한 감정.

- 화랑에서 본, 한 폭의 붓 그림. 옛 붓 그림 속의 산과 해·달, 조각배에서 낚시하는 이, 밭가는 농부, 길가는 나그네, 흐르는 물과 구름 등은 세상사(世上事)와 인생(人生)을 뜻했다.

- 저자는 악필, 그것도 지독한 악필이다. 어느 초등학생이 보더니

"얘 몇 학년이에요? 외국인이에요?"

그럴 만한 것이 시간이 지나면 본인도 뭐라 썼는지 읽지 못한다. 그림 역시

"뭐예요? 곰치고는 꼬리가 길고, 토끼라면 귀가 짧고, 동물 모양 바위에요?"

그건 저자가 그린 개였다. 서화(書畵)를 좋아하는 작가는 늘 감탄 한다.

"사람의 손끝에서 어떻게…."

 오늘따라 유난히 강호를 떠나고 싶었건만, 미로의 외진 곳에서 서화를 보며 마음을 달랬다. 달필의 초서를 보니…. 시를 쓰는 내내 뇌리를, 아니 가슴을 떠나지 않는 또 다른 두 시가 있었다.

有約江湖晚(유약강호만) 오래전 약속한 강호에서의 만남
紅塵已十年(홍진이십년) 홍진에서 지낸 지 어느덧 십 년
白鷗如有意(백구여유의) 갈매기는 그 뜻 잊지 않고는
故故近樓前(고고근루전) 기웃기웃 누각으로 날아드누나.
- 유정(惟政); 조선 중기 승려(1544~1610). 속명 임응규(任應奎) 자는 이환(離幻), 호는 사명당(四溟堂) 혹은 송운(松雲)·종봉(鍾峯), 유정은 법명(法名)이다. 승과에 급제하였으며, 임진왜란 때 승병장이었다.

 임진왜란 발발 12년이 지난 1604년. 도쿠가와 이에야스와의 담판을 위해 교토에 머물 때 지은, 선승(禪僧)으로써의 그의 가슴이 잘 녹아있는 시로 고려 말 시인 유숙의 벽란도(碧瀾渡)를 차운(次韻)했다. 이 담판으로 강화를 맺고 조선인 포로 3,000여 명을 구해 데리고 왔다.

碧瀾渡벽란도(벽란 나루에서) 高麗 柳淑(고려 유숙1324~1368)
久負江湖約(구부강호약) 오래전 잊은 강호에 든단 약속
紅塵二十年(홍진이십년) 세속에 묻히어 어언 보낸 스무 해
白鷗如欲笑(백구여욕소) 갈매긴 이를 비웃듯
故故近樓前(고고근루전) 괜스레 누대로 날아드네.
- 유숙(柳淑); 고려 말기 공민왕 때 정치가(1324~1368). 자 순부(純夫). 호 사암(思庵). 충청남도 서산 출신. 충혜왕(1340) 때 과거에 급제2), 안동사록(安東司錄)이 되었다. 홍건적의 난과 흥왕사의 변란을 평정하였으며, 신돈(辛旽)을 반대하다가 신돈의 무고(誣告)로 원통하게 교살되었다.

- 碧瀾渡; 황해도 예성강(禮成江) 하류의 나루. 고려 시대에는 수도인 개경과 가깝고 수심이 깊어 선박의 운행이 자유로운 탓에 중국 송宋이나 일본, 멀리 남양(南洋)과 서역지방의 상인들도 드나든 자유 무역항이었다. 사신을 영송하기 위하여 안산(岸山)에 세운 벽란정(碧瀾亭)에서 유래한 이름이다.

- 久負; 오랫동안 잊다.
- 江湖; 강과 호수, 은둔(隱遁), 자연.
- 紅塵; 어지러운 세상.
- 白鷗; 갈매기.
- 如欲笑; 비웃고자 하는 것처럼.
- 故故; 때때로, 왕왕.

콘도르 연(鳶)

뭇별이 깃들이는 북극성(北極星) 저 너머
230만 광년(光年)이나 웜홀로 일순(一瞬)인
은둔(隱遁)의
우루밤바에서
아름차게 떨쳤다.

바람의 욕망(慾望)인 에스파냐 말발굽
어긋난 역사(歷史)로 잠들은 나래 꿈
본향(本鄕)의
은빛 사절단(使節團)
UFO 기다리다.

마추픽추 안드로메다 잇대는 얼의 선(線)
인티파타나 끈 동이고 마크로코스모스에서
조우(遭遇)하러
천공(天空)을
가로지르는
콘도르칸키 잉카의 넋.

*깃들이다; '깃들다'와 '깃들이다' '깃들다'는 아늑하게 서려
있는 것. '어둠이 깃든 거리' '황혼이 깃들었다' 감정이나 생

각, 노력 따위가 어리거나 스며 있다.

 그곳에는 우리 겨레의 숨결이 깃들어 있다' '깃들이다'는 보금자리를 만들어 그 속에서 산다는 말이다. '숲에는 많은 새가 깃들여 산다.' 건물 따위가 자리 잡다 는 의미는 '곳곳에 사찰이 깃들였다.'

*잉카의 넋; 콘도르, 잉카제국, 그리고 엘 콘도르 파사(El Condor Pasa).

 미국 그랜드 캐니언보다 2배 더 깊은, 3,369m의 안데스산맥의 텃새로 콘도르 과에 속한 울지 않는 새 콘도르(condor)는 3m 날개 길이에 몸무게는 14kg에 이르는 맹금류 중 가장 큰 새로 검은색 깃털에 목깃이 검고 날개 아랫면이 흰색인 캘리포니아 콘도르와 목깃이 희고 날개 윗면이 흰색인 안데스 콘도르 두 종류이다. 한 시간에 한 번 정도 날갯짓으로 높이 오르고 먼 거리도 나르며 가파른 절벽에 둥지를 틀고 2, 3월에 두 개의 알을 낳으며 20~30마리 무리로 양·산양·사슴 등을 사냥할 때도 있으나 주로 사체를 먹는다.

 1년의 길이를 365.2420일로 계산해 낸 뛰어난 문명이 프란시스코 피사로의 불과 수백 명 스페인 침략자들에게 허무하게 멸망했다. 피사로는 스페인 왕에게 충성할 것과 가톨릭교로 개종할 것을 요구했으나 왕이 거부하여 전투가 벌어졌으며 승리한 피사로는 황제 아타우알파에게 협상을 요구해 나타난 그를 가두고는 석방 조건으로 방을 황금으로 채울 것을 요구해 채웠으나 악랄한 피사로는 황금만 챙기고는 왕을 처형했다.

 나라를 잃고 수백 년 동안 노예와 같은 삶을 살아가던 잉카인들은 많은 저항 운동 중 투팍 아마루가 가장 큰 세력을 이루었으나 투팍 아마루가 스페인군에 붙잡혀 쿠스코의 광장에서 네 마리의 말에 의해 사지가 찢겨 나가고 목이 잘려 죽었으나 그의 죽음은 독립운동의 초석이 되었다. 호세 가브리엘 콘도르칸키((Jose Gabriel Condorcanqui 투팍 아마루)는 오늘날 페루 독립운동의 선구자로 추앙받으며 영웅이 죽으면 콘도르로 환생한다는 전설로 콘도르칸키도 콘도르로 부활했다고 믿고 있다.

안테스 산맥의 험준한 산악에서 살아온 잉카인들은 높은 안데스의 산들을 자유롭게 날아다니는 콘도르는 단순 새가 아닌, '절대 자유로운 영혼'이다.

El Cóndor Pasa는 페루의 클래식 음악 작곡가 다니엘 알로미아스 로블레스(Daniel Alomias Robles)가 1913년에 작곡한 오페레타 '콘도르칸키'의 주제곡으로 마추피추를 떠나야 했던 잉카인들과 콘도르칸키의 슬픈 이야기를 표현한 노래이다.
EL Condor Pasa.
오! 하늘의 주인이신 위엄한 콘도르여.
나를 안데스 산 저 고향으로 데려가 주오.
위대한 콘도르여.
나의 잉카 형제들과 함께 살던 그곳으로 돌아가게 해주오.
... 쿠스코(Cuzco 수도) 광장에서 나를 기다려 주오 ... .
지금도 많은 이의 사랑을 받고 있으며 우리에게도 잘 알려진 사이먼&가펑클의 1970년에 발매된 앨범'Bridge over Troubled Water'에 수록된 El Cóndor Pasa 가사에 나오는 달팽이·참새·공간에서 자유로운 망치·백조 등 자유를 뜻한다.
*우루밤바(Urubamba); 맞추픽추는 우루밤바 산턱에 있다.
*인티파타나; '태양을 잇는 기둥'이라는 뜻의 높이 1.8m, 너비 36cm의 돌기둥. 천체의 궤도가 변하면 재앙이 생긴다고 믿고, 매년 동지 때 돌기둥에 끈을 매 태양을 붙잡는 의식을 치렀다고 함. 연(鳶)줄.
*마크로코스모스(Makrokosmos); (독일 철학) 대우주(大宇宙 - 실제의 우주를 소우주에 상대하여 이르는 말).
*천공(天空); 끝없이 열린 하늘.
*에스파냐(España); 스페인의 헌법적 국명.

노을 진 가을에 시영(詩詠)을 싣고서

잎 깃고 아람 불길, 이제 그끄제이더니
일천 번 날아 튼 깃, 떠나는 철새들
이은 뜻,
서리에 핀 국화(菊花)
애틋한 진자리.

농(濃)익음이 수줍어 자락으로 가린 봉(峰)
재 넘어 이르는 스산한 갈바람
등화(燈火)는 가물거림에도 허공(虛空)에 타는 시름.

청허(晴虛)의 풋눈이 붉은 자태(姿態) 훑으니
묻은 설움 오비는 부엉새 울음소리
노을 진 가을 끝자락,
시영(詩詠) 한 줌 싣누나.

*깃다; 논밭에 잡풀이 많이 나다.
*아람; 밤이나 상수리가 익어 저절로 떨어질 정도가 된 상태.
또는 그 열매.
*아람(이) 불다; (관용구) 아람이 나무에서 떨어지거나 떨어질
상태에 있다.
*떠나는 철새들: 보금자리 두고 떠나는 철새들. 나그네 인생.
*일천 번 날은 튼 깃; 새가 둥우리를 만드는데 일천 번 이상

날아올라야 하는 노력으로 한다. 그것을 다 놓고 떠난다. 인생이 그러하거늘….

*서리 핀 국화(菊花); 황화만절(黃花晚節 - 국화는 서리를 맞으며 꽃을 피우듯이 늙어서도 고상한 절조를 지킨다는 뜻).

*애틋한 진자리; 때 오면 다시 피러 마는 꽃 진자리는 애틋하다. 황화만절(黃花晚節)이었으나 져가는 쓸쓸함을 어이하리.

*자락으로 가린 봉(峰); 구름 덮인 봉우리.

*등화(燈火); 자동차 불빛.

*등화(燈火)는 가물거림에도 허공(虛空)에 타는 시름; 孤燈欲滅愁難歇.

歲暮寒窓客不眠(세모한창객불면) 세밑 차가운 창가에 잠 못 드는 나그네

思兄憶弟意凄然(사형억제의처연) 형과 아우 떠올리니 쓸쓸함 일어나나

孤燈欲滅愁難歇(고등욕멸수난힐) 가물거리는 외로운 등에 시름 끄지 못하여

泣抱朱絃餞舊年(읍포주현전구년) 흐느끼며 타는 거문고에 가는 해를 실었네.

- 평양 어느 이름 모를 기녀의 詩 제석(除夕)이다. 한 해 마지막 밤, 혈육에의 그리움과 나이 들어가는 기녀(妓女)의 덧없음과 쓸쓸함이 참 애절하다.

*청허(晴虛); 청천(晴天 - 맑게 갠 하늘).

*붉은 자태(姿態) 훑으니; 늦가을 바람에 나뭇잎·풀잎이 지다.

*오비다; 구멍이나 틈의 속을 갉아 내다.

*시영(詩詠); 시를 읊음. 또는 그 시.

한그루 플라타너스

허무(虛無)가 스며든 후미(後尾)진 귀퉁이
바람 잿빛 띠던 날, 엇 난 삶 끄트머리
일상(日常)에 도취(陶醉)해 들다 피워낸 연두(軟豆) 꽃.

분홍(雰虹)빛 꿈결과 생시(生時)의 갈피에서
걷잡지 못한 한뉘를 그리 일렁이었다.
타소의 넋에 사로잡혀, 채 못 이룬 이룸인.

하늘가 밤빛은 물같이 차가운데
얽매임, 벗고서 창천(蒼天)을 나른다.
광야(廣野)의 이 한 적요(寂寥)가
디오니소스적(的) 되어.

*플라타너스(platanus); 버즘나뭇과에 속하는 버즘나무·양버즘
나무·단풍 버즘나무의 총칭. 북아메리카가 원산으로 30m가량
자람. 봄에 엷은 연두색 꽃이 피고 3~4개의 동그란 열매가
긴 꼭지에 달려 가을에 익음. 가로수 또는 관상용으로 심음.
*한그루 플라타너스(platanus;) 참 자유를 꿈꾸는 시인 자신.
*엇 난 삶 끄트머리; 말년에 안, '하늘의 뜻'을, 이용당함.
*분홍(雰虹); 무지개.
*타소(Tasso); 괴테가 1790년에 발표한 희곡. 르네상스 시대
이탈리아를 무대로 공주를 사랑하는 몽상적 시인 타소
(Torquato Tasso, 1544년 3월 11일~1595년 4월 25, 이탈

리아 시인)와 유능하고 현실적인 귀족 안토니오(Antonio)를 대비하여, 꿈과 현실 사이에서 고뇌하는 삶을 그림.

*얽매임, 벗고서 창천(蒼天)을 나른다.; 바람에 지는 나뭇잎. 참 자유.

*광야(曠野); 자유.

*적요(寂寥); 적적하고 고요함. 여기서는 처음을 뜻함.

*디오니소스Dionysos; 그리스 신화의 포도 재배의 신, 주신(酒神). 로마 신화의 바쿠스(Bacchus). 니체는 이성(理性)에 의해 억눌려진 충동은 억누를수록 더 강한 폭발력을 가지며 비극 감상은 이러한 위험성에 대한 처방의 하나로 보았는데 이를 디오니소스(Dionysus 적的)이라 했다.

- 디오니소스 형(Dionysos 型); 예술 활동에서 정열적·도취적·낭만적·격정적인 예술 경향을 이르는 말. 그리스 신화의 신 디오니소스의 특성에 바탕을 둔 말로 니체가〈비극의 탄생〉에서 처음 씀.

- 아폴론 형(Apollon 型); 예술 활동에서 몽상적(夢想的-꿈속의 생각. 꿈같은 헛된 생각. 또는 그런 생각)·정관적(靜觀的 - 조용히 사태의 추이를 관찰함. 철학 - 무상한 현상계 속에 있는 불변의 본체적인 것을 심안(心眼)에 비추어 바라봄)이고 통일·질서·조화를 추구하며 개체적이고 이지적인 예술 경향을 이르는 말. 그리스 신화의 신 아폴론의 특성에 바탕을 둔 말로, 니체가〈비극의 탄생〉에서 처음 씀.

- 비극의 탄생(悲劇 - 誕生); 독일 철학자 니체의 처녀작. 문헌학적 입장에서 그리스 비극의 성립과 추이를 논하였음. 아폴론적(Apollon的)과 주지적(主知的 - 이성, 지성, 합리성 따위를 중히 여기는. 또는 그런 것) 성향이 강한 현대에 디오니소스적 정신과 비극의 재생을 추구하였으며, 바그너의 악극을 찬양하였음. 1872년에 간행.

*하늘가 밤빛은 물같이 차가운데; 하늘이, 플라타너스 잎 지는

가을 물 배였다. 天際夜色凉如水(천제야색량여수) 어찌 시 한
수가 없으랴? 杜牧(두목)의 秋夕(가을 밤)이다.

銀燭秋光冷畵屛(은촉추광냉화병) 은촛대의 가을빛은 병풍을 차
갑게 두르고

輕羅小扇搏流螢(경라소선박유형) 비단부채로 반딧불을 흩으니

天際夜色凉如水(천제야색량여수) 하늘 밤빛은 물같이 차가운데

坐看牽牛織女星(좌간견우직녀성) 가만 앉아 견우직녀를 보누나.

- 扇; 부채는 가을이 들면 놓고 잇히기에 한시(漢詩)에서 가을
부채는 '버림받은 여인'을 상징한다. 반딧불은 외진 곳을 나른
다. 일 년에 한 번일지라도 만날 수 있는, 견우와 직녀성을
빗대어 쓸쓸함을 잘 나타낸 수작(秀作)이다.

이데아의 존재(存在)

매화(梅花) 잎 춘설(春雪)에 애처롭기 그지없나
단 한 틈 과(過)치 않게 흐트러지지 않음은
이은 뜻 순(筍) 일질지언정, 아로새김, 이러니.
깍지 손 베었더니 가슴 저 밑바닥
소스치는 한 저림
내일이면 바람으로 떠날, 가지 끝 마지막 한 송이
마음은 달 붉으오니 만 리(萬里)을 떠나고.
그리 연연(戀戀)했었는지, 스치는 바람들임에
가슴팍 치는 다한 제, 농(濃)익다 못해 바래 진 잎

지려 핀 찰나(刹那)의 꽃이라니 달은 차듯 기울건만.
구만리(九萬里) 허공(虛空)에 겨움도 할진대
달빛의 본디 이어
숱하고 하찮아 짓밟고 태우나 얼이야
마냥 인 잡초
이르러 재(再) 돋아나는 이데아의 한 존재(存在).

*매화(梅花); 선비의 기상(氣像).
*이데아(Idea); 이념(理念)의 독일어. 이상적인 것으로 여겨지
는 생각이나 견해. (철학) 순수 이성에 의해 얻어지는 최고 개
념으로 플라톤에게서는 존재자의 원형을 이루는 영원불변한

실재(實在)를, 데카르트나 영국의 경험론에서는 인간의 주관적인 의식 내용, 곧 관념을, 독일의 관념론이나 칸트 철학에서는 경험을 초월한 선험적 이데아 또는 순수 이성의 개념을 뜻한다.

*존재(存在); (철학) 형이상학적 의미로, 현상 변화의 기반이 되는 근원적인 실재. - 하찮은 잡초일질지언정 삶 자체가 바로 궁극적 이상(理想 - 생각할 수 있는 가장 완전한 상태. 절대적인 지성이나 감정의 최고 형태로 실현 가능한 상대적 이상과 도달 불가능한 절대적 이상으로 구별할 수 있다)이다.

*내일이면 바람으로 떠날, 가지 끝에 남은 마지막 한 송이; 詠花(영화) 知玄後覺(지현후각).

花開滿樹紅(화개만수홍) 꽃 피니 나무마다 붉고서
花落萬枝空(화락만지공) 꽃 지니 가지마다 비었구나.
唯餘一朶在(유여일타재) 한 송이 가지 끝에 남아 있을지나
明日定隨風(명일정수풍) 내일이면 바람 따라 떠나리.

- 지현후각(知玄後覺 874~?); 속성(俗姓) 진(陳), 사호(賜號) 오달국사(悟達國師). 당(唐)말기 사천성(四川省) 미주(尾州)로 이 땅에 왔다.

*마음은 달 밝어오니 만 리을 떠나고; 고운(孤雲)의 燈前萬里心(등전만리심)에서 차운(次韻-남이 지은 시(詩)의 운자(韻字)를 따서 시를 지음. 또는 그런 방법)하다.

秋夜雨中(추야우중) 崔致遠(최치원)
秋風唯苦吟(추풍유고음) 가을바람에 홀로이 이리 읊건만
世路少知音(세로소지음) 세상 어디 알아주는 이 없고
窓外三更雨(창외삼경우) 창밖은 삼경의 밤비 내리니
燈前萬里心(등전만리심) 등불 앞에서 마음은 만 리을 떠나네.

- 고운(孤雲); 외로운 구름, 홀로 뜬구름, 호만 들어도 아리다. 토 황소 격문(討黃巢檄文)으로 황소의 난을 물리쳐 당나라에 이름을 떨쳤다. 이 시는 빈공과(賓貢科) 합격 후 표수현위(漂水

縣尉)를 지내던 18~23세 사이에 지은 것으로, 당(唐) 말기와 신라(新羅) 말기라는 두 왕조의 말기를 당에서는 이방인으로, 고국 신라에서는 신분제와 세태의 틈바구니에서 고독감을 표현한 쇄금(碎金 - 금이 깨어지면 더 빛나듯이 뛰어난 글)이다. 그 늦은 가을날 깍지 손 베고 누웠더니 이미 지고 없는 꽃을 찾아든 벌들의 춤이 보이고 꽃은 졌으나 초연한 춤이 이어져 가니 그 번잡하게 일렁거리는 잎 사이를, 손은 저리고 순간, 지난 세월이 주마등같이 스쳐 가나더니 농익게 잘 익으면 반드시 바래지고 바래지면 지는 것이 순리여서인가 가없이 지는 나뭇잎이 가슴팍을 치니 한뉘의 생이라야 찰나임이 더 와 닿더니 때때로는 순간이었지만, 초월하기도 했었음에, 달도 기울어나 달은 어느 때나 차듯이 기울어 가건마는 이리나 허망함은 지기 위해, 피는 꽃이라니, 그리 화려할지언정 덧없음이 참 가없다.

금(琴)은 새(鳥)도 울리는 소리가 있다만

천 년(千年)의 진수(進水)에 바다가 터지니
물마루 일으키는 포세이돈 애마(愛馬) 떼
흰 거품 그렁거린다. 이물을 둘러서.

일필(一筆) 이룰 세 벗 찾아, 매화(梅花) 가지 서수필
남(南)으로 드리운 화나무 가지 아래
진자리 없이 져버린, 붓두껍 붉은 매화(梅花).

푸르른 구름 꿈, 번제(燔祭)로 드린 지문(指紋)
금(琴)은 새(鳥)도 울리는 소리가 있다만
예인(藝人)의 손가락이나 저 고요할 뿐이니.

백학(白鶴)이 참새가, 승냥이는 범이 되고
풍파(風波)가 모질었던 매화(梅花) 옛 나뭇등걸
속마음 나눌 이 잃은 곁 살이 지칭개.

광야(曠野)의 한 귀인(貴人), 옛 뜻이 이제임에
엷은 깁 고운 결 들풀은 예전이나
퍼러니 날 선 부빙(浮氷)을 거스르다 이운 달.

흐른 날 끄트머리 백야(白夜)의 뒤안길
녹슨 바퀴 포장마차(布帳馬車) 동동주(酒) 앙금이

거꾸로 저을지언정 돌아갈 수 없는 내일.

*진수(進水); 새로 만든 배를 처음 물에 띄움. 고대 이집트 시대부터 시작되어 피를 받쳤다. 바이킹 시대부터 피의 색인 붉은 포도주병을 뱃머리에 깨트렸으며 오늘날은 스스로 해쳐 나간다는 뜻으로 샴페인을 터트린다.
*포세이돈; 그리스 신화의 바다의 신. 말(馬)의 신이기도 하다. 숙부인 키클롭스 3형제가 만들어준 삼지창 트리아이나를 가지고 청동 발굽과 황금 갈기를 가진 애마(愛馬)를 타고 다닌다.
*포세이돈의 애마; 거친 파도. 폭풍우.
*매화(梅花); 이른 봄의 추위를 무릅쓰고 먼저 꽃을 피우기에 난(蘭)·국(菊)·대(竹)와 사군자(四君子)라 하여 선비의 절개를 상징한다. 비슷한 벚꽃에 없는 향기가 있으며 벚꽃은 꽃자루에서 피우지만, 매화는 가지에서 핀다. 우리나라에서는 경상남도 양산시, 하동군, 전라남도 광양시가 유명하다. 꽃말은 고결, 기품으로, 홍매화의 꽃말은 순결·결백·고결·충실·인내이다.
*서수필(鼠鬚筆); 쥐 수염으로 만든 강필(鋼筆 최고의 붓 중 하나로 붓이 강하다). 필을 꽉 잡다, 이는 소과(蘇過)의 서수필에서 빌려왔다.
鼠鬚筆(서수필 - 쥐 수염 붓) 소과((蘇過 1072년~1124년. 자 숙당(叔黨, 호 사천거사)斜川居士)).
太倉失陳紅(태창실진홍) 큰 창고에 오래 묵어 붉게 썩어 잃는 곡식
狡穴得餘腐(교혈득여부) 쥐구멍에는 먹다 남은 썩은 고기가 있네.
旣興丞相歎(기흥승상탄) 이미 승상은 한탄을 일으키고

又發廷尉怒(우발정위노) 정위의 노여움도 유발케 하네.
磔肉餒餓猫(책육위아묘) 살을 찢겨 굶주린 고양이에게 먹이로
주고
分鬚雜霜兔(분염잡상토) 수염은 따로 흰 토끼털과 섞여 붓으로
삼았네.
插架刀槊建(삽가도삭건) 서가에 꽂고 보나 칼과 창처럼 굳세고
落紙龍蛇騖(락지용사무) 종이에 쓰니 용과 뱀이 달리듯 하네.
物理未易詰(물리미이힐) 사물의 이치는 쉽게 따질 수 없나니
時來即所遇(시래즉소우) 때가 되면 알아주는 이 만나리니.
穿墉何卑微(천용하비미) 담장을 뚫을 때엔 그리 비천했을지나
託此得佳譽(탁차득가예) 의탁함으로 아름다운 명예를 얻으니.

그는 이 시로 부패한 관료와 시대를, '하찮은 쥐일지나 장인
(匠人)이, 이 수염으로 붓을 만들고 명필을 만나면 쥐는 명예
를 얻는다. 이처럼 인재도 때와 사람을 잘 만나야….'이라며
세태를 비꼬았다. 소과(蘇過)는 소식(蘇軾)이 둘째 부인 왕윤지
(王閏之)가 낳은 셋째 아들로 어릴 때부터 문재(文才)가 있어
아버지가 소파(小坡)라 불렀다. 늘 아버지 곁을 지키다가 아버
지가 세상을 뜨시자 소사천(小斜川) 호숫가에 수죽(水竹)을 심
고 스스로 사천거사(斜川居士)라 칭하며 은서(隱棲)했다.

한국·중국·일본에서 쓴 붓은 자호(紫毫)라고도 하는 토끼털
붓. 그리고 담비·소 귀 털·족제비나 고양이 털 등 거의 모든
동물의 털로 매었다. 쥐 수염으로도 매었으니…. 일본은 고구
려 담징(曇徵)이 610년 먹과 종이 제법과 화법(畵法)을 전하면
서 붓 제법도 전했다.
*세 벗; 문방사우(文房四友)의 다른 세 벗, 먹·벼루·종이. 문방
구란 말이 여기에서 나왔다. 단계연(端溪硯 - 벼루 돌결이 아
름다워 매우 귀히 여김)도 정군방(程君房 - 최고급 먹)도 화선
지(畵宣紙-고급 선지)도 만나지 못한 채 인생의 계절이 다 가

다. 붓은 문방사우의 수장(首長)이다.

*남(南)으로 드리운 홰나무 가지 아래; 남가일몽((南柯一夢 -
부귀영화란 꿈과 같다는 뜻 - 당의 순우분(淳于棼)이 괴안국
(槐安國) 부마가 되어 남가군(南柯郡)을 다스리며 20년 영화를
누렸다. 남으로 뻗은 홰나무 가지 아래 그 꿈을 꾸었다)).

*붓두껍; 붓촉의 뚜껑, 멋으로 무늬를 새기기도 한다.

*진자리 없이 져버린, 붓두껍 붉은 매화(梅花); 어느덧 붓두껍
의 무늬도 자취도 없이 지워졌다.

*푸르른 구름 꿈; 청운(靑雲 - 입신출세)의 꿈.

*번제(燔祭); 유대교의 짐승을 통째로 태워 제물로 바친 제사.
지문이 닳아 없어지도록 일을 하다.

*깁; 조금 거칠게 짠 비단.

*이울다; 꽃이나 잎이 시들다. 해나 달의 빛이 약해지거나 스
러지다.

*금(琴); 예전, 궁중에서 사용하던 현악기의 하나(일곱 현에 거
문고와 비슷한 모양).

*琴은 새(鳥)도; 동파(東坡) 소식(蘇軾)의 금시(琴詩 - 거문고와
시)에서 가져오다.

若言琴上有琴聲(약언금상유금성) 금에 금 소리 있노라면

放在匣中何不鳴(방재갑중하불명) 어이 갑 속에서 울리지 않고

若言聲在指頭上(약언성재지두상) 소리가 혹여 손가락 끝에 있
다면

何不於君指上聽(하불어군지상청) 그대 손가락 끝에선 어찌 울
리지 않는가.

*거문고나 예인(藝人)의 손가락이 어찌 저 스스로 소리 내랴?
북송의 시인 소식은 치세(治世)의 역량(力量)이 있음에도 소인
배들 농간에 유배까지 당했다. 동파거사(東坡居士)에서 온 호
(號)로 아버지 소순(蘇洵), 동생 소철(蘇轍)과 함께 3소(三蘇)라
고 일컬어진 당송 팔대가(唐宋八大家 - 한유(韓愈), 유종원(柳

宗元), 구양수(歐陽修), 소순(蘇洵), 소식(蘇軾), 소철(蘇轍), 증공
(曾鞏), 왕안석(王安石) 등 8명의 산문작가)의 하나다. 필화(筆
禍)로 황저우(黃州)에 유배되어 지은 적벽부는 잘 알려져 있기
에 다른 시를 실어보았다. 그는 술과 물고기, 낚시를(잘 낚지
는 못한 것 같다) 좋아한 미식가이었던 것 같다. 시인이 참
좋아하는 그의 알려진 시 춘야(春夜)이다.

春宵一刻直千金(춘소일각치천금) 봄밤 한 시각은 천금 값이니.
花有淸香月有陰(화유청향월유음) 맑은 꽃향기, 달은 그림자에
가려 드네.
歌管樓臺聲寂寂(가관누대성적적) 노래와 거문고 잠든 누각은
그윽하기만 한데
鞦韆院落夜沈沈(추천원락야침침) 그네 매인 뒤뜰 까닭 있는
밤은 깊어만 가네.
*백학(白鶴)이 참새가, 승냥이는 범이 되고 매화 옛 둥치가 비
바람에 쓰러지니 기대어 산 지칭개 버틸 곳 잃고서; 신돈(辛
旽) 天地生成品彙煩에서.
天地生成品彙煩(천지생성품휘번) 천지가 이뤄지니 무수한 뭇
만물에
誰干洪造檀寒暄(수간홍조단한훤) 누가 막아 차고 더움을 멋대
로 했는가.
歡情浹洽藏春塢(환정협흡장춘오) 기쁜 정 두루 미쳐 봄 깃든
언덕
怒氣陰凝蔽日雲(노기음응폐일운) 성난 숨 그늘에 구름은 해를
가리누나.
雉蜃鷹鳩猶足怪(치신응구유족괴) 꿩이 조개로, 매가 비둘기 됨
이 야릇하거늘
龍魚鼠虎豈容言(룡어서호기용언) 용은 고기가, 쥐는 범이 됨을
어이 말하리.
可憐老木風吹倒(가련로목풍취도) 가여운 늙은 나무 바람에 쓰

러지니

蘿蔦離披失所援(라조리피실소원) 기대어 산 지칭개 버틸 곳 잃
는구나.

*매화(梅花) 옛 나뭇등걸; 정의(正意-바른 뜻)와 정의(正義 -
바른 도리).

*지칭개; 90cm 정도 키의 국화과의 두해살이풀로 여름에 자
주색 꽃이 핀다. 성질은 차고 열을 내리고 해독과 부기를 가
라앉으며 어혈을 없애는 효능으로 치루나 작은 종기에 쓴다.
쓴맛은 물에 몇 시간 담가 두면 빠지나 좋아하는 사람은 그대
로 먹기도 한다.

 '주춤'은 가볍게 놀라서 멈칫하거나 망설이는 모양을 나타내
는 부사이다. 지칭개의 옛말인,'즈츰개'의 '즈츰'에서 나왔다는
말이 있다.

- 신돈(辛旽); 법명(法名) 편조(遍照) 자(字) 요공(耀空) 호(號)
청한거사(淸閑居士) 1323년 1월 21일~1371년 8월 21일(음력
1371년 7월 11일) 고려국 말 경상도 영산 출신 승려 정치가
이다. 노비와 토지개혁으로 귀족들의 힘을 약화하고 백성의
경제를 활성화함과 왕권을 강화하는 정책을 펴 억울하게 노비
가 된 사람들과 생계 탓에 자청해 된 노비를 해방하고 권문세
족이 착복한 돈을 회수하여 국가 재정을 튼튼히 했다. 노비에
서 해방된 사람들은 '성인(聖人)이 나타났다.'라고 칭송했으나
이를 잃은 지배층은 '중놈이 나라를 망친다.'며 비난했다. 결
국 향년 49세로 형장(刑場)에서 목이 잘려 죽었다. 저서 『유본
천부경』를 남겼다.

*광야(曠野)의 한 귀인(貴人), 옛 뜻이 이제임에; 기회가 왔으
나 이미 ….

*엷은 깁 고운 결 들풀은 예전이나; 홍혜사(洪蕙史)의 탄로시
(歎老詩-늙음을 한탄한 시)인 규사(閨思)를 통째로 훔쳤다. 모
처럼 좋은 손님이 오셨는데 자신은 이미 지는 꽃인데, 물가의

풀들은 향기와 아름다움을 뽐내고 있다. 예전이나 다름없이. 이 얼마나 무상(無常)한가?

落花流水小橋西(낙화유수소교서) 꽃 지고 흐르는 물 작은 다리 서쪽

好客入門月欲低(호객입문월욕저) 좋은 손님 오는데 달은 이미 지려네.

却恨紅燈人已老(각한홍등인이로) 홍등의 나, 벌써 늙어 슬픈데

無情芳草浣絲溪(무정방초완사계) 무정한 풀들은 흐름이 비단 물결이네.

*백야(白夜); 극지방 여름철, 어두워지지 않는 밤. 시각을 잃은 도심의 밤.

*뒤안길; 한길이 아닌 뒷골목의 길. 일반의 관심이 미치지 못하는 쓸쓸한 생활이나 처지.

*동동주(酒); 빚은 술을 떠내거나 거르지 않아 밥알이 동동 뜬 막걸리.

*돌아갈 수 없는 내일; 戻れない明日. 일본 여성 가수 아이코(aiko)의 통산 26번째 싱글 「꺾이지 않는 여자 - 2010년 1월 13일부터 3월 17일까지 닛폰 TV의 10부작 수요드라마 주제가. 간노 미호 주연. 결혼과 우정, 그리고 회사와 일과 세태에 맞서는 32세 당찬 여자를 그렸다」. 2010년 2월 3일 발매 첫 주에 58,435장 판매로 오리콘 싱글 위클리 차트 1위를 기록했다. 여기서 제목은 빌렸으나 드라마와는 달리 기회가 왔으나 이제는 나보다 더 늙은 잃어버린 내일의 서글픔을 노래했다.

무제(無題)

삿갓 쓴 늙은 사공(沙工) 노(櫓) 저을 뜻 없는데
노을이 막무가내(莫無可奈) 빈 배에 오르니
선창(船艙)가
바람은 뱃머릴 떠민다. 느닷없이.

그믐달은 둘레만 그저 비칠 뿐이건만
일렁이며 스치는 무수(無數)한 푸른 산(山)
오동(梧桐)은 시들어 드나 푸르른 비파(枇杷)나무.

보다 제 젖어 들 한 떨기 빈 가슴
여미어 들었다. 차디찬 가랑비에
천애(天涯)의 고요함으로 새벽의 넋 되어.

*삿갓 쓴 늙은 사공(沙工) 노(櫓) 저을 뜻 없는데; 정철과 박인로와 함께 조선 3대 시가인(詩歌人)이라는 윤선도(尹善道)는 堂城後漫興(당성후만흥 당성후의 흥취)에서 청산을 노래했다.
入戶靑山不待邀(입호청산불대요) 청산은 맞아들지 않으나 창으로 들고
滿山花卉整容朝(만산화훼정용조) 산에 가득한 꽃들은 단정히 조회하네.
休嫌前瀨長喧耳(휴혐전뢰장훤이) 앞 여울 물소리 시끄럽다 싫어마오

使我無時聽世囂(사아무시청세효) 시끄러운 세상 소식 듣지 않게 해 준다오.

*그믐달은 둘레만 그저 비칠 뿐이건만; 천자문((千字文 - 중국 양나라 주흥사(周興嗣)가 지은 책. 사언(四言) 고시(古詩) 250구, 모두 1,000자(字)로 되어 있으며, 자연 현상으로부터 인륜 도덕에 이르는 뜻을 담아 고대로부터 지금도 한문 학습의 입문서로 쓰이고 있으며 하룻밤 사이 지으니 머리가 다 세었기에 백수 문(白首文)이라고도 한다))의 '晦魄環照(회백환조 - 그믐에는 빛없는 달이 고리와 같이 둘레만 비칠 뿐이다)'에서 가져왔다.

*일렁이며 스치는 무수(無數)한 푸른 산(山); '한강(漢江)에 배를 대다'의 이식(李植)은 또 그리 노래했다.

春風急水下輕艭(춘풍급수하경쌍) 봄바람 급한 물살 가벼운 배를 타고

朝發驪陽暮漢江(조발려장모한강) 아침 일찍 여주 떠나 저녁에 한강 왔네.

篙子熟眠雙櫓靜(고자숙면쌍로정) 뱃사공 잠에 노 소리 없고

青山無數過船窓(청산무수과선창) 푸른 산만 무수히 선창을 스치누나.

- 이식(李植) 본 덕수(德水), 자 여고(汝固), 호 택당(澤堂), 1584(선조 17~인조 25년 조선 후기의 문신). 택당집이 전하며 많은 한시를 남겼다. 『초학자훈증집初學字訓增輯』『두시비해杜詩批解』 등을 저술. 『수성지(水城志)』『야사초본(野史初本)』등을 편찬했다.

*오동(梧桐)은 시들어 드나 푸르른 비파(枇杷)나무; 오동은 일찍 시드나(梧桐早凋오동조조) 비파는 늦도록 푸르다(枇杷晚翠비파만취). 천자문의 글 순(順)은 枇杷晚翠 梧桐早凋 이다.

*천애(天涯); 하늘 끝. 아득히 멀리 떨어진 낯선 곳.

방랑자(放浪者) 가을

잎 깃고 아람 불다 앙상하길 어느 제
일천 번 날아올라 튼 깃 놓은 철새들
재 오면 제자리거늘 애틋한 진자리.

재 너머 가는 해에 노을마저 따르니
길에서 마시는 가을이 든 샴페인 잔(盞)
인다나, 주향(酒香)임임에 취(醉)해가는 잎 새들.

어슬녘 풋눈이 갈 소리 끊으니
제 한 몸 흩뿌리는 시절(時節)이 하 아린 달(月)
쌓이나 쓸지 않음은 어우러지려 하나니.

*깃다; 논밭에 잡풀이 많이 나다.
*아람; 밤이나 상수리가 충분히 익어 저절로 떨어질 정도가
된 상태. 또는 그 열매.
*아람(이) 불다; (관용구) 아람이 나무에서 떨어지거나 떨어질
상태에 있다.
*풋눈; 초겨울에 들어서 조금 내린 눈.
*하; (원인을 나타내는 경우나 의문문에 쓰여) 정도가 심하거
나 큼을 강조하여 이르는 말로 '아주·몹시'의 뜻을 나타냄(예,
'빛깔이 하 맘에 들어서 ….' '하 많은 사람 중에서….' 등으로
쓰임).
*제 한 몸 흩뿌리는; 달빛은 달이 시절(時節)이 하 하여 제 몸

을 흩뿌리는 것이다.

*쌓이나 쓸지 않음은 어우러지려 하나니; 낙엽도 눈(雪)도 쓸 수 있어나 달빛을 쓸지 않은 채 전전긍긍했다. 첫눈 오는 날 쓸쓸함을 이기지 못해 필을 들었다. 이 구절은 중국 청(淸)나라 때 시인 황경인(黃景仁)의 동야(冬夜)의 종장 '掃霜難掃月 留取伴明光'에서 그대로 가져왔다.

空堂夜深冷(공당야심냉) 빈집 밤 깊어 썰렁하기에

欲掃庭中霜(욕소정중상) 마당에 내린 서리를 쓸려하니

掃霜難掃月(소상난소월) 서리는 그럴지나 달빛은 쓸기 어려워

留取伴明光(유취반명광) 달빛은 어우러지려 그대로 두누나.

- 黃景仁; 청(淸)나라 초기 장쑤성(江蘇省) 우진(武進)에서 태어났다. 자 중칙(仲則)·회존(悔存)·녹비자(鹿菲子)로 아직 이른 43세로 단명했다. 처음은 두보(杜甫)·한유(韓愈)의 시풍을 따랐으나 후에 이백(李白)을 따라 낭만성 시풍의 시를 썼다. 『양당헌시문집(兩當軒詩文集)』 등이 있다.

- 영화 방랑자(Sans Toit Ni Loi)는 1985년 아녜스 바르다 감독이 하층민의 삶을 그린 영화로 상드린 보네르가 홀로 떠돌다 홀로 죽는 주인공 모나 역을 맡아 제42회 베니스국제영화제 황금사자상을 수상했다. 병든 플라타너스를 연구하는 란디에 교수(마샤 메릴)는 샴페인을 마시며 실업계 고등학교를 나와 속기나 영어도 안다는 그녀에게 왜 떠도는지를 묻자 이렇게 말한다. 명장면 명대사이다.

"길에서 마시는 샴페인이 더 좋으니까요"

 어느 늦가을 날, 작가가 서글픈 마음으로 가을에 물었다.

"왜 이리 일찍 떠나느냐?"

"그러면 눈이 오지 않겠어요?"

계곡(溪谷)을 흐르는 밤(夜)

뒤엉킨 밑뿌리에 홀로인 푸서리
풀피리 불협화음(音)에 우두망찰한 부엉이
멀뚱히,
보더니마는
휘휘 고개 젓는다.

골보다 더 깊은 수심(水心)에 들었다가
일렁인 이와는 말 섞지 않았으니
그런들
어차어피(於此於彼)에
화답(和答) 안 할 것임이니.

흰 구름은 하염없이 천 년(千年)을 떠돌건만
무수(無數)함에 묻었다가 외로이 지는 별
끊어질 듯 이어지는
헐거운 야금(夜琴) 소리.

해맑은 미소로 엄마 눈망울 맞추다
혹여 엄마 놓칠까 봐 젖꼭지 문 아가
튼 동도
앳된 눈시울
차마 못 떠난 듯.

*푸서리; 거칠게 잡풀이 무성한 땅.
*뒤엉킨 밑뿌리에 홀로인 푸서리; 군중(群衆) 속 고독(孤獨).
*우두망찰하다: 정신이 얼떨떨하여 어찌할 바를 모르다.
*멀뚱히 보더니마는 휘휘 고개 젖는다.; 부엉이의 계속 흔드는 고개는 마치 어리석었음을 꾸짖는 것 같다. 이 길이 내 길이 아님은 부엉이도 아는가 보다.
*흰 구름은 하염없이 천 년(千年)을 떠돌건만; 사찰이 절경(絕景)이기도 하여 최호(崔灝)의 황학루(黃鶴樓) 중 白雲千載空悠悠를 가져오다.
- 崔灝; 하남성 사람으로 723년 사에 급제 사훈원외랑(司勳員外郎)을 지냈으며 당시(唐詩) 중 제1이라는 평판이 있는 황학루(黃鶴樓)라는 시를 지었다. 李白도 황학루의 절경에 이끌리어 시를 지으려다가 황학루를 읽고는'눈앞에 경치 있으나 뭐라 할 수 없으니, 최호의 시가 위에 있음이다(眼前有景道不得, 崔顥題詩在上頭).'며 한탄하고는 금릉에 가서, 칠언율시로 어지러운 국가의 장래를 근심한 詩, '등금릉봉황대(登金陵鳳凰臺)'를 지었다. 나중에 이 두 詩를 쌍벽을 이루는 당시(唐詩) 최고라는 평판을 받았기에 두 詩를 소개하는 것이 좋겠다.

黃鶴樓(황학루)
昔人已乘黃鶴去(석인이승황악거) 옛사람 이미 황학타고 떠나고,
此地空餘黃鶴樓(차지공여황학루) 땅엔 황학루만 덧없이 남았네,
黃鶴一去不復返(황학일거불부반) 황학은 한 번 간 뒤 다시 오지 않고,
白雲千載空悠悠(백운천재공유유) 흰 구름만 천 년을 하염없이 떠도나
晴川歷歷漢陽樹(청천역역한양수) 맑은 강엔 한양의 숲 또렷이

비추는데,

芳草萋萋鸚鵡洲(방초처처앵무주) 앵무새 섬엔 싱그러운 풀만 무성하네.

日暮鄉關何處是(일모향관하처시) 해 저물었는데 내 고향은 어디 맨가?

煙波江上使人愁(연파강상사인수) 물안개 낀 長江 언덕서 시름 겨워하누나.

- 황학루(黃鶴樓); 전설에는, 신(辛) 씨의 주점에 온 낯선 한 노인에게 술을 반년간이나 대접했다. 그는 술값 대신에 벽에 노란 두루미를 그려 주고 갔는데. 그림의 두루미는 손님들이 박자를 치면 춤을 추었다. 소문으로 주점은 크게 번창해 辛 씨는 부자가 되었다. 나중에 노인이 다시 나타나 피리를 불자 그림의 노란 두루미가 튀어나오고 하늘에서 흰 구름이 내려와 노인은 두루미의 등에 앉아 구름을 타고 날아갔다. 辛 씨는 그곳에 황학루(黃鶴樓)라는 누각을 세웠다. 장강(長江)과 한수 (漢水)가 한눈에 보이는 무창에 있다.

- 漢陽; 한수 남쪽과 長江 서북쪽 사이에 있다,

- 앵무주鸚鵡洲; 강에 생긴 모래톱(砂洲). 장강에 있는 섬. 후한 말 강하(江夏) 태수 황조(黃祖)의 큰아들이 이 섬에서 잔치를 베풀었을 때 앵무새를 바치는 이가 있어 이를 두고 예형禰衡이 앵무부鸚鵡賦)를 지음으로 섬 이름이 되었다. '삼국지'에 예형(禰衡)은 황조(黃祖)에게 살해되어 이 섬에 묻혔다고 되어 있다. 당시는 숲이 우거지고 앵무새가 많이 살았다고 한다.

- 太白; 李白의 자 중국 최대의 시인, 두보(杜甫)와 함께 '이두 (李杜)'로 시선(詩仙)이라 불리며 1,100여 편의 작품이 있다.

登金陵鳳凰臺(등금릉봉황대)

鳳凰臺上鳳凰遊(봉황대상봉황유) 봉황대 위 봉황이 노닐었더니,

鳳去臺空江自流(봉거대공강자류) 봉황 떠나니 누대 비고 강물만 흐르도다.

吳宮花草埋幽徑(오궁화초매유경) 오나라 궁궐 화초는 호젓한 길에 묻혔고,

晉代衣冠成古丘(진대의관성고구) 진 나라 귀인은 옛 무덤 언덕을 이루어.

三山半落靑天外(삼산반락청천외) 삼산은 하늘 밖 반쯤 걸리니

二水中分白鷺洲(이수중분백로주) 두 강은 백로주를 끼고 갈라져 흐르네.

總爲浮雲能蔽日(총위부운능폐일) 이 모두가 뜬구름이 해를 가렸음이니,

長安不見使人愁(장안불견사인수) 장안은 보이지 않고 시름겨워하누나.

- 봉황대(鳳凰臺); 육조의 송대에 남경성 서남쪽 산에 아름다운 새들이 많이 깃들여, 사람들이 봉황이라 부르고, 높이 대를 쌓아 올려 '봉황대'라 하였다.

- 금릉; 남경, 장강 등 절경을 끼고 있으며, 수려한 경관으로 삼국시대에는 오(吳), 육조시대에는 진(晉), 송(宋), 제(齊), 양(梁), 진(陳)의 도읍지(都邑地 - 나라를 세우면서 수도로 삼은 곳)였다.

- 吳宮; 삼국시대 오(吳)의 손권이 세운 궁궐.

- 三山; 남경 서쪽에 잇닿은 세 봉우리.

- 二水; 진수(秦水), 회수(淮水), 두 강을 말함.

- 白鷺洲; 이수의 갈래로 이룬 삼각 섬.

- 半落; 산의 아래 절반은 운해(雲海-구름이 마치 바다처럼 펼쳐져 있음)에 잠겨 보이지 않고, 위의 절반만 보임.

- 浮雲; 뜬구름. 흔히 인생을 뜻하나 여기서는 황제의 총명을 흐리게 하는 간신들을 뜻함.

- 일日; 해(太陽 - 황제를 뜻함).

- 使人愁; 시름겨워하누나. 나라를 걱정하는 마음이다.

*무수(無數)함에 묻었다가 외로이 지는 별; 처절한 고독. 홀로
와서 무리에 섞였다가 홀로 간다.

*수심(水心); 水는 愁의 해음자(諧音字).

*일렁인 이와는 말 섞지 않았으니; 물그림자. 혜심(慧諶)의 대
영(對影-그림자와 마주하다)에서.

池邊獨自坐(지변독자좌) 연못가에 홀로 앉았다가
池底偶逢僧(지저우봉승) 못 속의 웬 중을 만났는데
默默笑相視(묵묵소상시) 말 않고 웃기만 했네.
知君語不應(지군어불응) 아는 척한들 대꾸도 않을 것이기에.

- 혜심(慧諶); 고려 승려(1178~1234). 자(字) 영을(永乙) 자호
(自號) 무의자(無衣子), 이름 최식(崔寔)으로 나주 화순현 사람
이다.

*어차어피(於此於彼); 어차피(於此於彼). 이렇게 하든지 저렇게 하
든지. 이차이피(以此以彼).

*끊어 질 듯 이어지는 헐거운 야금(夜琴) 소리; 앳된 엄마의
흐느끼는 다 쉰 기도소리. 白居易(백거이)의 夜琴(야금 - 밤
거문고)에서.

蜀桐木性實(촉동목성실) 촉의 오동나무는 성실하고
楚絲音韻淸(초사음운청) 초의 악기는 소리 맑으니
調慢彈且緩(조만탄차완) 헐거운 현을 찾아 튕기고 늦추네.
夜深十數聲(야심십삭성) 밤 깊게 십 여곡을 타노라니
入耳淡無味(입이담무미) 들리는 소리 무덤덤하고 맛이 없으나
心潛有情(협심잠유정) 흡족한 마음이 정이 가누나
自弄還自罷(자농환자파) 스스로 그리 즐기다 그치니
亦不要人聽(역부요인청) 이 또한 누가 듣기를 바람이리.

- 백거이(白居易, 772년~846년); 자(字) 낙천(樂天), 호 취음선
생(醉吟先生), 향산거사(香山居士). 당나라 때 뤄양(洛陽)의 신
정(新鄭)에서 태어났다

백거이는 다작(多作) 시인으로 알려져 있으며, 현존하는 문집

은 71권, 작품은 총 3,800여 수로 당대(唐代) 시인 가운데 최고 분량이다.

*튼 동도 앳된 눈시울 차마 못 떠난 듯; 시한부 삶 판정을 받은 백혈병 엄마. 붉게 부은 눈이 먼동도 아리어 차마 못 떠난 것 같다. 자신도 엄마가 필요할 것 같은 어린 고운 엄마의 고요하나, 피를 토하듯 한 절규의 기도가 참 애처로웠다. 아무것도 모르는 아가는 엄마의 눈망울을 맞추며 행복해하고.
  회한의 아픔이 지독해 혹여 놓을 수 있으려나, 찾았다가 엄마와 아가를 위해서 기도했다. 그렇게 밤은 가고 계곡은 눈을 뜨고 있었다. 앳된 엄마는 백학(白鶴)이 되어 슬피 울며 먼 하늘 九天 너머 날아갔다. 아가를 홀로 남긴 채. 엄마와 아가 눈망울이 지금도 아른거린다. 뜻 모를 삶, 누구에게는 지독히 처절하다.

다시 터로 돌아온 후일, 봄 다하여 버들꽃이 지듯이 백학으로 날아간 엄마 이야기를 듣는 순간 소동파가 절에서 만난 한 고운 자태의 여승(女僧)을 보고 지은 詩가 뇌리를 할퀴었다.
薄命佳人(박명가인) 蘇軾(소식)
雙頰凝酥髮抹漆(쌍협응소발말칠) 우윳빛 두 볼 옻칠한 까만 머리
眼光入簾珠的皪(안광입렴주적력) 주렴으로 드는 눈빛 구슬처럼 빛나네.
故將白練作仙衣(고장백련작선의) 흰 비단으로 선녀 옷을 지어 두르니
不許紅膏汚天質(불허홍고오천질) 본바탕 더럽힐까 연지도 바르지 않고
吳音嬌軟帶兒痴(오음교연대아치) 상량한 강동 사투리 앳되나
無限閑愁總未知(무한한수총미지) 가없이 까닭 모를 시름은 알

수 없고

自古佳人多命薄(자고가인다명박) 예로부터 미인의 운명 기박하다더니

閉門春盡楊花落(폐문춘진양화락) 문 닫고 봄 다하니 버들꽃이 지네.

- 紅膏; 연지.
- 吳音; 옛 강동(江東)지방 사투리로 특히 여성이 쓰는 경우 상당히 매력적으로 들렸다고 한다.
- 嬌軟; 상냥하고 부드러운 목소리.
- 無限閑愁; 가없이 까닭 모를 시름.
- 미인박명(美人薄命)이란 말이 이 시로 알려졌다. 중국 역사의 4대 미인인 서시, 왕소군, 양귀비, 초선도 서시를 예외로 비극으로 끝났다. 서양 역시 프톨레마이오스왕조(Ptolemaeos dynasty - 헬레니즘 시대 이집트를 지배한 마케도니아 왕조 - BC 305~BC 30)의 마지막 여왕 클레오파트라, 자신의 美로 나라와 기우는 왕조를 지키려 로마의 두 영웅, 카이사르와 안토니우스를 오가며 사랑했으나 그녀도 두 영웅 모두 비극적 종말을 맞이했다. 하늘은 한 인간에게 모든 것을 주지 않는가 보다.
- 어린 엄마를 추모하며, 아가를 위해 기도했다. 홀로 남은 아가는 지금 어느 품에 있을까….

4부

묵향(墨香)

4부

묵향(墨香)

산사(山寺)

헛되고 헛되며 헛되고 헛되니
해 아래 애쓰는 모든 것이 헛되나니
이 한뉘 얽히어 듦이 뜨고 나니 한갓 꿈.

산맥(山脈)은 구름을 만고(萬古)나 거스르고
강변(江邊)은 물결을 굽이치며 거스르니
채 탈 쓴, 곡두일 뿐인, 실상(實相)은 제 자리.

난개(爛開)한 매화(梅花)는 가을을 부르고
화사(華奢)한 꽃잎은 샘을 더럽히나니
인연(因緣)은, 스치어 가는 월령(月齡)의 한 환영(幻影).

바람의 먼지로 덧없이 나날다.
살이 가, 부딪음이 외려 날카로우니
떠돎이 하염없더니만, 형체(形體)를 벗은 구름.

풍우(風雨)가 임하니 더없이 고요한 들
하늘 더 으늑한 지축(地軸)을 흔든 우레
백학(白鶴)의 저 구름 춤이, 어머니께 이끌러나.

돈수(頓修)면 어떠하며 어떠하리. 점수(漸修)면.
돈오(頓悟)에 이른다면, 이도 다 벗은들

이름을 아득하게 한 깨트리지 못한 틀.

서가(書架)의 밀림(密林)을 가없이 헤매다
계곡(溪谷)에 발 담그니 신비(神祕)로운 무질서(無秩序)
자아(自我) 색(色) 버리더니만, 태산(泰山)을 가른 물.

천 년(千年)을 끓은 땅속, 대지(大地)를 터트리고
잇대어 솟아나 내달리는 산맥(山脈)들
질곡(桎梏)의 사슬임임에 소리 없는 고고(呱呱)함.

천 리(千里)에 덮인 얼음 만 리(萬里)를 나는 눈
치솟아 우거진 산(山)들의 군집(群集)이
저 높음, 하늘과 가(可)히 겨루려 드누나.

낮은 탓 늘 짓밟힌 묵언(黙言)의 두 수행자(修行者)
못나게 고귀(高貴)한 닳은 양말 늙은 신
두 손을 모았다. 고이. 문득 든 들 향(香)에.

볏이라야, 계군(鷄群)인 세움이 허허(虛虛)로워
교(敎)로나 법(法)으로 도(道)인들 이르러다
일주문(一柱門) 지나노라니 얽매임 벗노매라.

솔 그림자 일렁이는 연화문(蓮花紋) 석지(石池)에
차다가 비움이 자유로운 표주박(瓢)

적심이 한 시(時)임임에, 씻어진 갈증(渴症)들.

이욺이 모질지나 차마 못 떠난 낮달
여태나 뜨거운 내려온 애염(愛染)이
찰나(刹那)임, 알게 되고는 백팔(百八) 구름 넘누나.

달 기우니 까마귀 울고 하늘 찬 서리에
가누나 뜬 마음 가눌 수 없는 차
끊어질 듯 이어지는 종소리에 싣누나.

사파(娑婆)에 빼앗긴 두 칸 초옥(草屋) 한 칸 방
못내 안타까운 양 울어 예는 산부새
무심(無心)히 다 놓았더니, 그제 안 이 자적(自適).

선나(禪那) 낡는 풍경(風磬)에 뜰 번뇌(煩惱) 쓰는 승
(僧)
내가 화두(話頭)를 하니 화두(話頭)가 나를 하고
귀뚜리 독경(讀經) 천 칠백(千七百)이 몰아(沒我)에 들
게 하누나.

들러붙은 집착(執着)의 겨, 겁파(劫簸) 너머 날리러
메 낭 끄트머리에 고요히 튼 올연독좌(兀然獨坐)
빔 가득 차더니마는 공(空)이 참 그윽하다.

천하(天下)가 어딘들 막힘이 없나니
물이 스미면 죽을, 물을 노니는 물고기
바람이 들면 떨어질, 바람을 타고 나는 새.

사해(四海)가 세찰지나 노님이 거침없고
번뇌(煩惱)는 매몰차나 터였다. 대공(大空)에
누비 리, 아(我)가 도(道)를 드니, 도(道)인들 아(我)를
들 매.

*헛되고 헛되며 헛되고 헛되니 해 아래 애쓰는 모든 것이 헛
되나니; 이는 인류 최고의 부자에 가장 많은 처첩과 시바의
여왕까지 녹일 만큼 지혜로움으로 온갖 향락과 부귀영화를 다
누렸으나 후에 참 허무를 느끼고 철저한 회개의 마음을 담은
솔로몬 王의 詩, 성서(聖書) 전도서 첫 부분이다. 중국 성서는
이렇게 표현했다. 虛空的虛空, 虛空的虛空, 一切都是虛空. 人
的一切勞碌, 就是他在日光之下的勞碌, 对自己有什么益处呢.
*한뉘; 한 생전. 한평생.
*이 한뉘 얽히어듦이 뜨고 나니 한갓 꿈; 일연 보각국사의 삼
국유사(三國遺事) 권3에 수록된 통일신라시대, 허무를 주제로
한 국문학사상 원조(元祖)꿈의 문학인 조신설화(調信說話)에서
가져왔다. 승려 조신(調信)이 태수(太守)의 딸에 반했다. 그녀
가 출가했음에도 못내 그리워 부처를 원망했다. 어느 날 그녀
가 부모의 영으로 결혼은 했지만, 당신을 애모한다며 돌아왔
다. 환속(還俗)하고는 고향에 돌아와 40여 년을 자식을 다섯이
나 두었으나 끼니는 물론 입을 옷도 없었다. 이에 자식들을
부부가 서로 나누어 헤어지려는 순간, 한갓 꿈이었다. 밤은

깊었다. 덧없음을 깨달은 조신은 그녀에의 마음도 내리고 더 정진한다. 인생 일장춘몽(一場春夢)일 뿐이다.

*산맥(山脈)은 구름을 만고(萬古)나 거스르고; 구름의 눈에는 산맥이 흐른다.

*강변(江邊)은 물결을 굽이치며 거스르니; 강물의 눈에는 강변(江邊)이 굽이치며 거슬러 흐른다.

*곡두; 환영(幻影). 눈앞에 없는 것이 있는 것처럼 보이는 것. (심리) 사상(寫像)이나 감각의 착오로 허위의 현상(現象)·영상(影像)을 사실로 인정하는 현상. 환상(幻像). 이룰 수 없는 희망이나 이상.

*실상(實相); 만물의 있는 그대로의 참모습.

*난개(爛開)한 매화(梅花)는 가을을 부르고; 매화는 가을을 부른다.

*화사(華奢)하다; 화려하게 곱다.

*화사(華奢)한 꽃잎은 샘을 더럽히나니; 밀림에서 길을 잃으면 목말라 죽는다. 밀림의 모든 물은 꽃잎과 나뭇잎들이 썩어 부패하고 오염되어 있다. 밀림에 들기 전에 먼저 물을 품고 있는 나무가 무엇인지를 배워야 한다. 꽃잎이 샘을 더럽히듯 화사하고 향기로운 마음일지나 애(愛)와 욕(慾)이 스미어 집착(執着)과 번뇌(煩惱)를 불러 옳고 그름, 좋고 나쁨 등 일체가 없는 무심(無心)의 샘을 더럽힌다.

*인연(因緣)은, 스치어 가는 월령(月齡)의 한 환영(幻影); 인연은 달빛에 스치는 그림자일 뿐이다.

*월령(月齡); 태어난 지 일 년 안 된 아기를 달수로 헤아리는 나이. 신월(新月) 때를 0으로 하여 헤아리는 날짜. 삭(朔)에서 어느 때까지 시간을 평균 태양일의 수로 나타낸다. 달 나이.

- 신월(新月); 초승에 뜨는 달. 달과 해의 황경(黃經)이 같아지는 음력 초하룻날 달. 초승달.

- 삭(朔); 달이 태양과 지구 사이에 들어가 일직선을 이루는

때. 달이 빛을 반사하지 않아 보이지 않으며, 흔히 일식 현상
이 일어난다. 매달 음력 초하룻날. 달을 세는 단위.

*환영(幻影); 눈앞에 없는 것이 있는 것처럼 보이는 것. 곡두.
(심리) 사상(寫像)이나 감각의 착오로 허위의 현상(現象)·영상
(影像)을 사실로 인정하는 현상. 환상(幻像). 이룰 수 없는 희
망이나 이상.

*바람의 먼지; 이는 무상(無常)을 노래한 Melanie Safka의
'Dust in the Wind도 그러했다. 그녀의 우울한 허스키 목소
리가 가슴을 적셨다. 바람의 먼지일 뿐인 生.

I close my eyes only for a moment. 잠시 난 눈을 감아.

And the moment's gone. 그 순간은 지나가지.

All my dreams 내 모든 꿈.

Pass before my eyes a curiosity. 내 눈앞으로 호기심이
지나가지.

Dust in the wind. 바람 속의 먼지.

All they are is dust in the wind. 그것 모두는 바람 속의
먼지.

Same old song. 똑같은 옛 노래.

Just a drop of water in an endless sea. 끝없는 바다 곧
물 한 방울.

All we do crumbles to the ground 우리 하는 모든 일은
부서져 흙이 되지.

though we refuse to see. 우리가 보려 하지 않을지나.

Dust in the wind. 바람 속의 먼지.

all we are is dust in the wind. 모두는 바람 속의 먼지.

Don't hang on. 매달리지 마.

Nothing lasts forever but the earth and sky. 땅과 하늘
외에 영원하지 않아.

It slips away. 그것은 사라져.

All your money wouldn't another minute buy. 네 돈 전부도 시간은 살 수 없어

Dust in the wind. All we are is dust in the wind. 우리는 바람 속의 먼지.

Dust in the wind. Everything is dust in the wind. 모든 것이 바람 속의 먼지.

- Melanie Safka; 1947년 2월 3일 뉴욕에서 태어나 재즈 싱어였던 어머니 재능을 물려받아 가수가 되었다. 음악 출판사에서 만나 그녀를 물심양면으로 도운 피터 스체커릭(Peter Schekeryk)과 1968년 여름 결혼을 하고 그해 「Born To Be」를 발표해 호소력 짙은 음색과 가창력으로 큰 반향을 일으켰다. 「Candles In The Rain」으로 골드 레코드를 획득하고 Lay Down, Ruby Tuesday, What Have They Done To My Song Ma, Brand New Key, Nickel Song 등이 히트하면서 자신을 굳혔다.

*나날다; 날아 오락가락하다.
*풍우(風雨)가 임하니 더없이 고요한 들 하늘 더 으늑한 지축(地軸)을 흔든 우레;'번잡함 속에서도 고요를 누리다'는 뜻으로 중국 남북조(南北朝) 때 양(梁) 나라 문인(文人) 왕적(王籍), 동중정(動中靜)의 노래 입약야계(入若耶溪)에서 훔쳤다.
鯱艎何汎汎(여황하범범) 나룻배는 둥둥 떠다니고
空水共悠悠(공수공유유) 하늘과 강은 모두 유유하다.
陰霞生遠岫(음하생원수) 아련한 노을은 먼 산에서 일어나고
陽景逐廻流(양경축회류) 햇빛은 강물 따라 도라 흐르네.
蟬噪林逾靜(선조임유정) 매미 소리 시끄러이 우니 숲 더 고요하고
鳥鳴山更幽(조명산갱유) 새 우니 산 더 그윽하다.
此地動歸念(차지동귀념) 여 긴 고향 땅 돌아갈 생각 일으키니

長年悲倦遊(장년비권유) 오랜 세월 경치이나 지쳤음이네.

-蟬噪林逾靜 鳥鳴山更幽; 가히 놀라운 이 시상은 수많은 시인
이 가져갔다.

*으늑하다; 푸근하게 감싸인 듯 편안하고 조용한 느낌이 있다.
조용하고 깊숙하다.

*백학(白鶴); 흰머리 칼.

*백학(白鶴)의 저 구름 춤; 백발이 흩날리다.

*어머니께 이끌러나; 떠날 때가 되니 어머니를 그리워하다.

*돈오돈수(頓悟頓修); 오(悟)와 수(修)를 한순간에 모두 완성하
는 것. 한 번에 깨닫는 것.

*돈오점수(頓悟漸修); 깨달음에 이르기까지에는 점진적 수행
단계가 따름을 이르는 말.

- 頓悟는 지눌의 漸修로인가? 성철의 頓修로인가? 주창자처럼
'깨침이 먼저냐 수행이 먼저냐?'로 '기(氣)가 먼저냐? 이(理)가
먼저냐?'는 주자학(朱子學)처럼 여태 론(論)의 틀인가? 漸修로
頓悟에 이른 이는 누구이며? 頓修로 頓悟에 이른 이 누구이
며? 다름으로 이른 인 누구인가? 이도 아닌, 김호성 교수의
'깨침이 있기는 한가?'인가? 아니면 頓修漸修를 론(論)으로 永
劫을 이을 것인가?

*서가(書架); 책 따위를 두거나 꽂아 두는 선반. 서각(書閣).

*계곡(溪谷)에 발 담그니 신비(神祕)로운 무질서(無秩序); 계곡
이 신비로운 건 무질서하기 때문이다.

*색(色); (불교) 오온(五蘊) - 물질과 정신을 오분(五分)한 것.
곧, 색(色)·수(受)·상(想)·행(行)·식(識)의 하나. 눈에 보이는 현상
(現象) 세계, 곧 물질세계. 물은 이를 떠난 존재이다.

*질곡(桎梏); 차꼬와 수갑. 몹시 속박하여 자유를 가질 수 없
는 고통의 상태를 비유한 말.

- 차꼬; 옛 형구의 하나. 기다란 두 개의 토막나무를 맞대어

거기에 구멍을 파서 죄인의 두 발목을 그 구멍에 넣고 자물쇠를 채우게 되어 있음. 족가(足枷). 칼.

*고고(呱呱); 아기의 첫 울음소리. 젖먹이 울음소리. 값있고 귀중한 것이 처음으로 발족함을 알리는 소식의 비유적인 말. 여기서는 애초에 가지고 나왔으며 더 귀한 것이 없는 양 빗장을 채운 집착을 뜻함.

*천리(千里)에 덮인 얼음 만 리(萬里)를 나는 눈, 구름을 치솟은 산(山)들의 군집(群集)이 하늘과 가(可)히 높음을 겨루려 드누나.; 毛澤東(마오쩌둥. 1893~1976)의 1936년 대장정(大長征)을 마친 후 주둔지 연안(延安)에서 혁명을 완수하겠다는 신념의 시 沁園春雪(진진 고원-秦晉高原에 스며드는 봄 눈)에서.

沁園春雪(심원춘설) 毛澤東(마오쩌둥. 1893~1976).

北國風光(북국풍광) 북국의 풍광이야

千里氷封(천리빙봉) 천리에 얼음 덮이고

萬里雪飄(만리설표) 만 리에 눈발 날리누나.

望長城內外(망장성내외) 만리장성 안팎을 바라보나니

惟餘莽莽(유여망망) 다만, 풀만 무성하고

大河上下(대하상하) 황하의 상 하류는

頓失滔滔(돈실도도) 넘치듯 도도한 흐름을 잃었나 보다.

山舞銀蛇(산무은사) 산맥은 춤추는 은빛 뱀 같고

原馳蠟象(원치랍상) 들판은 내달리는 코끼리인 듯이

欲與天公試比高(욕여천공시비고) 하늘과 높이 겨루려 하누나.

須晴日(수청일) 눈 그치고 비로소 날 개이면

看紅裝素裹(간홍장소리) 붉게 꾸민 소복차림은

分外妖嬈(분외요요) 어이 더 어여쁘리오.

江山如此多嬌(강산여차다교) 강산이 이러히 교태를 떨어 선가

引無數英雄競折腰(인무수영웅경절요) 그 많은 영웅이 겨루듯 굽혔나 보다.

惜秦皇漢武(석진황한무) 안타까워라. 진시 황 한 무제

略輸文采(약수문채) 글솜씨 못 이르고
唐宗宋祖(당종송조) 당 태종 송 태조
稍遜風騷(초손풍소) 시재가 무디었으니
一代天驕(일대천교) 한 시대를 굴림 했던
成吉思汗(성길사한) 칭키스칸
只識彎弓射大(지식만궁사대) 독수리를 향하여 활 쏠 줄만 알았
을 뿐.
俱往矣(구왕의) 오호라, 다 지나간 일일지니
數風流人物(수풍유인물) 천하 풍류객들을 헤아려보며
還看今朝(환간금조) 오늘 아침을 이제 다시 살펴보리.

'闌'은 '원(原)'의 해음자이다. 영하 30도의 황하도 어는 겨울,
이만 오 천리 장정 중 10만여 병사들이 죽음과 이탈로 4,000
여 명만 남았으나 지역의 홍제15군단과 1만여 명의 홍일방면
군(紅一方面軍)을 만들었다. 1936년 2월 지은 이 시는 어떤
고난 속에서도 혁명을 성공하리라는 의지와 기개를 북국의 풍
광에 그리 담았다. 혁명의 길이 이러했을 진데 내 안에의 참
을 이루려는 혁명의 길….

*들 향(香); 양말과 신발의 냄새.
*계군(鷄群); 닭의 무리라는 뜻으로, 평범한 사람의 무리 비유.
*허허(虛虛)롭다; 마음이 텅 빈 듯이, 외롭고 허전하고 허망하
고 허탈한 느낌이 가득하다.
*계군(鷄群)이 볏 세워 울어댐이; 잘난 사람들. 그래야 계군인
것을.
*교(敎); 교종(敎宗 - 불교의 종파를 크게 둘로 나누었을 때,
선(禪)보다 교리(敎理)를 중시하는 종파).
*법(法); 그 자체의 성품을 간직하여 변하지 않고 궤범(軌範)이
되어서 사람이 사물에 대하여 일정한 이해를 낳게 하는 근거
가 되는 것. 부처의 가르침이나 계율. 물질과 정신의 온갖 것.
*도(道); 깨달음. 참.

*일주문(一柱門); 사찰의 산문(山門) 중에 첫 번째 문으로 일반적인 건축 구조를 벗어나 기둥이 나란한 두 개 이기에 붙여진 이름으로 틀에서 벗어나라는 뜻이다. 현판에는 보통 산 이름과 절 이름이 쓰여 있다. 세월과 비바람으로 각각의 네 귀퉁이에 작은 기둥을 받쳐둔 일주문은'틀을 깨라'는 그 큰 뜻을 회손 하는 일이기에 다른 방법으로 해야 한다. 우리의 건축술은 세계적이 아닌가? 그날 한 아이가 이렇게 물었다. '왜? 기둥 네 개를 세우지 않고 큰 기둥 두 개 작은 기둥 네 개, 그리 세웠어요?'

*연화문(蓮花紋); 연꽃무늬.

*석지(石池); 돌로 싸인 연못(큰 돌 물 샘을 뜻함).

*솔 그림자 일렁이는 연화문(蓮花紋) 석지(石池)에; 이는 장자(莊子)의 호접지몽(胡蝶之夢 나비의 꿈)에서 가져왔다. 중국 송나라 사상가로, 도교의 시조 중 하나였던 그는 꿈속에서 자신이 나비였다가 깨어나서는 '내가 나비 꿈을 꾸었는가? 지금 나는 나비가 꾸는 꿈인가?'며 '무위자연 만물제동(無爲自然 萬物齊同)'을 노래했다. 그에게 '무위자연'은 목적의식에 얽히지 않는 자유로운 경지이다. 그는 '이 경지에 들면 자연과 하나 되어 자유로운 삶으로 나아간다고 했다. 나비와 나는 형태상 구별은 있을 것이나 주체로서의 나는 변화가 없다. 이것이 물건의 변화이다.'라며 이 만물일원론(萬物一元論)으로 유학자들의 도덕적 가르침은 하찮은 것이라며 노자처럼 자연(自然)과 무(無)로 돌아갈 것을 주장했다. 석지에 든 물그림자는 내가 저의 그림자인가 저가 내 그림자인가?

*표주박(瓢); 조롱박이나 둥근 박을 반으로 쪼개어 만든 작은 바가지.

*홀로이나 다 비운 유유(悠悠)한 표주박(瓢); 사파(娑婆-산스크리트어 sabhā. 불교. 중생이 갖가지 고통을 참고 견뎌야 하는 이 세상. 인간 세계. 속세계. 사바세계)의 속인(俗人)들의 갈증

(渴症)을 시(時) 없이 풀어주는 것은 저가 늘 비어있기 때문이다. 그러기에 홀로이나 유유(悠悠)하다.

*갈증(渴症); 대승경전의 탄생게인‘천상천하 유아독존 삼계개고 아당안지(天上天下 唯我獨尊 三界皆苦 我當安之’ 하늘 위나 아래 나 홀로 존귀하다. 인생의 모든 고통을 벗어나게 하리라)는 부처의 외침. 표주박과 석지는 무색(無色)·무형(無形)의 물로 산을 오르는 세인들의 갈증(목마름뿐이랴? 생몰(生沒) 中의 모든 갈증이 아니랴?)을 벗어나게 하는 대갈(大喝)의 법문(法問)이었다.

*이울다; 꽃이나 잎이 시들다. 점차 쇠약해지다. 해나 달의 빛이 약해지거나 스러지다.

*애염(愛染); 애집(愛執 - 좋아서 집착함).

*찰나(刹那); 지극히 짧은 시간. 어떤 일이나 상태가 이루어지는 바로 그때. 순간. 소수(小數)의 단위의 하나. 탄지(彈指)의 십 분의 일이 되는 수(의). 육덕(六德)의 십 배. 곧 10^{-18}.

*백팔 구름; 구름은 구름이 아니라 억겁을 자리한 백팔번뇌(百八煩惱-인생의 108가지의 번뇌. 6근(根)에 각기 고(苦), 낙(樂), 불고불락(不苦不樂)의 18가지, 이에 탐(貪)과 무탐(無貪)의 36가지, 다시 과거, 현재, 미래로 각각 108가지로 이가 인생의 큰 번뇌에 이른다) 이었다.

*달 기우니 까마귀 울고 하늘 찬 서리에; 당(唐) 시인(詩人) 장계(張繼)가 종소리를 노래하다. 장계(張繼)가 노를 저어 마을로 돌아가는 밤, 풍교에 배를 대니 마침 한산사 종소리 들린다.
楓橋夜泊(풍교야박-풍교 다리, 밤에 배를 대다). 張繼(장계).
月落烏啼霜滿天(월락오제상만천) 달 기우니 까마귀 울고 서리는 하늘 찬데
江楓漁火對愁眠(강풍어화대수면) 강가의 단풍나무, 고깃배 불, 시름 결 잠
姑蘇城外寒山寺(고소성외한산사) 고소성 밖 한산사

夜半鐘聲到客船(야반종성도객선) 깊은 밤 종소리가 객선(客船 - 나그네 배)을 오르누나.

- 楓橋; 소주 서쪽의 한산사 부근에 있는 다리 이름.

- 月落; 달이 지다.

- 烏啼; 까마귀 울다.

- 江楓; 강기슭의 단풍나무.

- 愁眠; 시름 젖은 잠.

*초옥(草屋); 초가(草家). 여기서는 詩人의 마음.

*예다; '가다'의 예스러운 말.

*산부새; 산바람(으스름부터 밤에 이르기까지 차가워 무거워진 산 공기가 산꼭대기에서 평지로 내리 부는 스산한 바람)의 제주 방언.

*자적(自適); 아무 속박도 받지 않고 마음껏 즐기다.

*선나(禪那); 선(禪 - 마음을 한곳에 모아 고요히 잠겨 들다).

*풍경(風磬); 작은 종 모양으로 처마 끝에 매달아 바람이 부는 대로 흔들리어 소리가 나게 한 경쇠.

*번뇌(煩惱); 마음이 시달려서 괴로움. 마음이나 몸을 괴롭히는 모든 망념(妄念 - 욕망·노여움·어리석음 따위).

*선나(禪那) 낚는 풍경(風磬)에 뜰 번뇌(煩惱) 쓰는 승(僧); 소동파(蘇東坡) 동정춘(洞庭春)의 '應呼釣詩鉤 亦號掃愁帚'을 훔쳤다. 그는 동정춘이 시를 낚는 낚싯바늘이요. 시름을 쓰는 빗자루라 노래했다. 도적질 재미가 이렇게 솔솔 할 줄이야, 진즉 도적으로 나서는 건데….

- 동정춘(洞庭春); 동정귤로 담근, 빛깔과 향기와 맛 세 가지가 모두 일품인 술. 술을 좋아해 주선酒仙이라 불린 宋의 소식蘇軾이 찬미한 술. 원우(元祐) 6년(1091), 소식이 영주지주(潁州知州)로 있을 시(時) 한 잔 동정춘에 이는 시흥(詩興)을 견딜 수 없었나 보다.

二年洞庭秋(이년동정추) 지난 두 해 동정호의 가을

香霧長噀手(향무장손수) 손에 향기가 피어나더니
今年洞庭春(금년동정춘) 올해의 동정호 봄은
玉色疑非酒(옥색의비주) 옥색 빛깔의 술 같으니
賢王文字飮(현왕문자음) 현왕이 술 마시며 글을 즐기고
醉筆蛟龍走(취필교룡주) 취하면 붓을 들고 그리더니만
旣醉念君醒(기취염군성) 취중에 취하지 않는 그대가 걸리네.
遠餉爲我壽(원향위아수) 그대에게 줄 술을 나에게 보냈네.
甁開香浮座(병개향부좌) 병을 여니 향은 방 가득 차고
盞凸光照牖(잔철광조유) 잔에 채우니 술 빛이 방을 비추니
方傾安仁醽(방경안인령) 안인의 노래같이 따르는 것도 좋으나
莫遣公遠嗅(막견공원후) 공원이 채 향기를 맡을 수 없으리니
要當立名字(요당입명자) 당연히 이름을 높이려 든다면
未用問升斗(미용문승두) 이제는 많고 적음을 물으리.
應呼釣詩鉤(응호조시구) 부르기를 시를 낚는 낚싯바늘
亦號掃愁帚(역호소수추) 또 부르기를 시름을 쓰는 빗자루
君知葡萄惡(군지포도악) 그대가 알 듯 미움 빛의 포도주
正是嫫母黝(정시모모유) 마치 모모인 듯 거무스름하니
須君灩海杯(수군염해배) 어떡하나 바다 같은 잔 술을 따르고는
澆我談天口(요아담천구) 하늘을 논하는 내 입 젖게 하는 것을.
- 香霧; 향기. 운무.
- 賢王; 덕을 갖춘 왕.
- 文字飮; 술에 취해가며 시를 짓고 옛글을 논하다.
- 醉筆; 술에 취해, 시나 글을 쓰고 그림을 그리다.
- 方傾; 반악潘岳((字는 안인(安仁)).
- 莫遣; 公遠(당나라 때 도인) 나공원(羅公遠)으로 현종(玄宗)에게 은형술(隱形術)을 가르치다가 참수되었다.
- 嫫母; 추녀였음에도 전설상 황제(黃帝)의 네 번째 부인이 된 여인.
- 談天; 언변이 뛰어나다.

*화두(話頭); 이야기의 말머리. 참선(參禪)하는 이에게 도를 깨치게 하기 위해 내는 과제.

*겁파(劫簸); 劫. 어떤 시간의 단위로도 계산할 수 없는 무한히 긴 시간. 하늘과 땅이 한 번 개벽한 때에서부터 다음 개벽할 때까지의 동안이라는 뜻이다.

*천 칠백(千七百); 중국 옛 송(宋)의 도원(道源)이 1,006년에 저술한 총 30권의 '경덕전등록(景德傳燈錄)'에 실려 있는 1,701명 조사의 어록 및 행적 등에서 1,700 여 화두가 나온 후 법화경(法華經)과 선문염송(禪門拈頌) 등과 함께 불교전문강원의 최고과정인 수의과(隨意科)에서 학습되어 왔다.

*내가 화두(話頭)를 하니 화두(話頭)가 나를 하고; 내가 화두를 하는지 화두가 나를 하는지…. 일념(一念)으로 화두를 참구(參究- 참선하여 진리를 추구하다)하므로 화두를 타파(打破 - 규정이나 관습, 제도 따위를 깨뜨려 버리다)하다.

*몰아(沒我); 모두 잊을 뿐이다.

*집착(執着); 무엇에 대해 마음을 늘 매달림.

*너머; 너머(공간)와 넘어(동작). 집착이 머무는 마음의 공간에서 겁 너머 공간으로 떠나보내다.

*메; 산(山)을 예스럽게 이르는 말.

*낭;'벼랑'의 전남 지방 방언.

*올연독좌(兀然獨坐)하다; 홀로 단정히 앉아 있다.

*메 낭 끄트머리에 고요히 튼 올연독좌(兀然獨坐); 天上天下 唯我獨尊에 들다.

*공(空); 허무(虛無)가 아니다. 지면과 시인의 앎으로는 필설로 이르지 못할 뿐. 다만, 순야타(산스크리트어 Śūnyatā, 비다·공허空虛)의 뜻으로 대승불교(大乘佛敎) 반야경(般若經)의 근본사상으로 모든 존재를 상의상대(相依相待 - 서로 의존함)의 연기(緣起) 입장에서 일체의 아집(我執)과 법집(法執)을 배격한 무애자

재(無礙自在)의 세계이다.

*천하(天下)가 어딘들 막힘이 없나니; 천하는 막힘이 없으나 막는 것은 저 자신이다.

*물이 스미면 죽을, 물을 노니는 물고기; 물속에 있는 물고기에 물이 들면 물고기는 죽는다. 물고기가 자유로운 것은 저에게 물이 들어오지 않음이다.

*바람이 들면 떨어질, 바람을 타고 나는 새; 바람으로 나는 새는 저 몸에 바람이 들면 떨어진다.

*대공(大空); 크고 넓은 공중. 천공(天空).

*사해(四海)가 세찰지나 노님이 거침없고 번뇌(煩惱)는 매몰차나 터였다. 대공(大空)에; 도(道)를 추구함도 이와 같다. 사바세계와 번뇌 속에 내가, 내 안엔 이가 거하나 나는 이에, 이는 나를 들지 않는다.

*사해(四海); 온 천하. 수미산(須彌山)의 사방에 있는 큰 바다. 사대해(四大海).

*아(我); 자아(自我, ego). 생각, 감정 등으로 외부와 접촉하는 행동의 주체로서의 자신(自身).

*누비 리, 아(我)가 도(道)를 드니, 도(道)인들 아(我)를 들 매; 내가 도(道)를 들으니, 도(道) 또한, 나를 들어 완전히 하나 되나니 내가 도(道)를 누비고 도(道)가 나를 누비누나.

노을을 걷는 달빛

창창(蒼蒼)한 우거짐이 가(可)히 어저께인데
잎들이 바람을 온몸으로 품을지나
노을을 거둬들이는 옛 능선(稜線) 넘은 달빛.

호로병(葫蘆瓶) 국화주(菊花酒) 속세(俗世)를 기웃대다
일렁임 추체 못해 여민 마음 젖히매
태허(太虛)를 나는 주향(酒香)에
산야(山野)가 취(醉)하누나.

지성(知性)과 이성(理性)을 파사(破邪)의 칼로 삼아
청아(淸雅)한 솔 창(唱)에 이백(李白)으로
송서(誦書)하니
어둠을 연 외 부엉새, 까닭 있게 익는 밤.

*창창(蒼蒼)하다; 바다·하늘 따위가 새파랗다. 앞길이 멀어서
아득하다. 나무나 숲이 짙푸르게 무성하다. 빛이 어둑하다.
*노을을 거둬들이는 옛 능선(稜線) 넘은 달빛; 왕유(王維)의 목
난시(木蘭柴)에서.
秋山斂餘照(추산렴여조) 가을 산이 마지막 산빛을 거두니
飛鳥逐前侶(비조축전려) 새들도 짝짝이 나르고
彩翠時分明(채취시분명) 순간이나마 푸른빛 선했었는데
夕嵐無處所(석람무처소) 저녁 산 기운 얼핏 더니 사라지네.

동(動)을 통한 정(動中情)의 세계를 펼친 죽리관(竹里館)이다.

獨坐幽篁裏(독좌유황리) 외딴 대나무 숲에 홀로 이 앉아

彈琴復長嘯(탄금부장소) 琴을 뜯다가 휘파람 길게 분다.

深林人不知(심림인부지) 깊은 숲속이기에 아는 이 없으나

明月來相照(명월래상조) 밝은 달이 찾아와 비추어 주네.

*파사(破邪); 나쁘고 그릇된 것을 깨뜨리다. 절복(折伏 - 나쁜 사람이나 외도(外道)·사도(邪道)를 꺾어 굴복시키다).

*송서(誦書); 서책을 읽는 듯이 소리하는 것.

*어둠을 연 외 부엉새, 까닭 있게 익는 밤; 나그네 인생을 노래한 李白(이백)의 春夜宴桃李園序(춘야연도리원서) 중 古人秉燭夜遊良有以也(고인병촉야유양유이야)이다. 이 시를 후세 풍류객들이 잔 들고 송서(誦書)한 것으로 송자(誦者)나 청자(聽者) 모두 한학적(漢學的)이어야 했기에 사대부들이 지적(知的)인 기생들과 향유(享有)했다. 필자의 부친께서도 거나하신 날이면 이도 송서하셨다.

春夜宴桃李園序(춘야연도리원서) 李白(이백) 봄밤 복숭아꽃 자두꽃 만발한 동산에서.

夫天地者萬物之逆旅(부천지자만물지역려) 천지는 만물의 여관

光陰者百代之過客(광음자백대지과객) 광음은 백대의 나그네

而浮生若夢爲歡幾何(이부생약몽위환기하) 뜬 인생 마치 꿈과 같으니 그 기쁨 얼마이랴

古人秉燭夜遊良有以也(고인병촉야유양유이야) 옛사람 촛불 밝히니 실로 밤은 까닭 있게 익누나.

況陽春召我以煙景(황양춘소아이연경) 하물며 따사로운 봄 아지랑이 낀 경치는 나를 부르고

大塊假我以文章(대괴가아이문장) 자연은 나에게 대신 글을 쓰게 하누나.

會桃李之芳園(회도리지방원) 복숭아꽃 자두꽃 핀 향기로운 정원에 모여

序天倫之樂事(서천륜지낙사) 형제들이 모여 즐거운 일을 펼치려니

群季俊秀皆爲惠連(군계준수개위혜련) 빼어난 아우들은 모두 혜련같이 뛰어나거늘

吾人詠歌獨慙康樂(오인영가독참강락) 내 노래 홀로 강락이 부끄러울 뿐이네.

幽賞未已高談轉淸(유상미이고담전청) 그윽한 감상은 그침이 없고 고고한 담론은 더 맑아지네.

開瓊筵以坐花(개경연이좌화) 화려한 연회에 꽃 사이 앉아서

飛羽觴而醉月(비우상이취월) 술잔 날리며 달빛에 취하니

不有佳作 何伸雅懷(불유가작하신아회) 좋은 시로 고상한 회포를 펴내네.

如詩不成罰依金谷酒數(여시불성벌의금곡주수) 채, 시를 짓지 못하면 벌주 석 잔을 마시리.

- 중국 한시에서 복숭아꽃과 자두꽃이 자주 등장함은 복숭아는 이상향(理想鄕)을, 자두는 천자문의 果珍李柰(과진이내)에서도 볼 수 있듯, 과실 중에 능금과 함께 그 진미를 으뜸으로 여겼기 때문이다.

- 이백(李白)은 자를 태백(太白)이라 했으나 당시 유(儒)·불(佛)·선(仙)의 경계가 없었기에 도교나 불교에도 상당히 젖은 탓에 호를 청련거사(靑蓮居士)라 했는데 이 시가 그러한 그의 사상이 잘 녹아 있다.

능히 다함이 없는

능히, 다함이 없는 유유(悠悠)한 별들에
바위자리 구름 이불 배낭(背囊)을 베개 삼아
한기(寒氣)에 밤 떨어댈지나, 달불이 타오르니.

구천(九天) 저 너머 날려 보낸 고뇌(苦惱)들
바흐의 평균율, 협주곡 브란덴부르크
누빈다. 더 멀어져 가는, 밤 음률(音律) 따라서.

골골을 내리더니 무애(無导)를 누린 물
계율(戒律) 강(江)을 넘누나. 영음(靈音)의 골골(汩汩)로
바람에 참 불(佛)로 드니, 선열(禪悅)에 잠긴다.

*유유(悠悠)하다; 한가하고 여유가 있으며 태연하다.
*바위자리 구름 이불 배낭(背囊)을 베개 삼아; 이 詩는 震默大
師의 天衾地席山爲枕에서 취했다. 이야말로 가난 속에서도 편
안한 마음으로 도(道)를 즐기는 안빈낙도(安貧樂道)가 아닌가?
*구천(九天); 가장 높은 하늘. 하늘의 아홉 방위로 중앙을 균
천(鈞天), 동을 창천(蒼天), 서는 호천(昊天), 남은 염천(炎天),
북은 현천(玄天), 동남을 양천(陽天), 서남을 주천(朱天), 동북
을 변천(變天), 서북을 유천(幽天)이라 한다.
*바흐(Bach, Johann Sebastian); 독일 작곡가(1685~1750).
바로크 음악의 정상으로 「마태 수난곡」「브란덴부르크 협주
곡」「부활제」등이 있다.

*평균율, 협주곡 브란덴부르크; 미 항공우주국(NASA)은 1977
년, 뛰어난 두뇌를 가졌을지언정 이 정신 나간 멍청이들은 우
주 어딘가에 있을지도 모르는 또 다른 생명체라는 그 한 가지
에 빠진 나머지 지구인의 메시지로, 전술도 전략도 없이, 지
구인끼리 전쟁에는 온갖 치졸한 전략과 전술도 서슴지 않으면
서, 바흐의 '브란덴부르크 협주곡'과 '평균율'을 우주를 향해
전파로 발신했다. 그 음악은 인간의 깊은 고뇌를 자아낸다.
그보다는 인간의 자유와 평등, 평화와 사랑, 어우르는 번영,
이러한 음악적 메시지를 보내도 되었을 건만. 존재가 있는지
없는지, 있다면 적대적인지 아닌지, 전혀 정보가 없으면서….
수천만 가지 계획을 세울지라도 지구인의 IQ로는 가늠할 수
조차 없는 위험 가능성이 있으련만, 하나의 문제에만 집중한
나머지 다른 주변의 문제나 상황은 읽지 못하는 흔히 만나는
멍청한 천재들의 모습을 여지없이 보여준 셈이다.
  2014년 영화, '루시'는 뤽 베송 감독에 스칼렛 요한슨(루시
분)과 모건 프리먼, 최민식 주연의 푸른색 분말의 신종 마약,
태아의 몸에 생성되는 C.P.H.4를 둘러싼, '인간의 뇌는 10%
정도만(보통 4~5%라 한다) 사용된다는데 100%를 모두 사용
한다면 어떻게 될지?' 과학계 의문을 줄거리로 했다.
  1980년 크레이그 R. 백슬리 감독에 돌프 룬드그렌이 출연한
'다크 엔젤'역시 다크 엔젤(에일리언 탈락)은 인간을 죽이고는
인간의 뇌에서 엔도르핀을 빼내 이를 마약 화해서 인류를 파
멸시키려 하지만, 지구인의 무기로는 당하질 못한다. 물론 ET
같은 착한 외계인 영화도 있다.
*골; 골짜기. 사파(娑婆). 번뇌(煩惱) 등.
*무애(無㝵); 막히거나 거치는 것이 없음.
- 無㝵舞(무애무); (無 없을 무 㝵 그칠 애 舞 춤출 무). 향악
(鄕樂)에 딸린 궁중(宮中) 무용(舞踊)의 한 가지. 고려(高麗) 때
시작(始作)된 조선(朝鮮) 고유(固有) 향약(鄕藥), 남녀악(男女樂)

이 있음. 12명으로 구성(構成)되는데, 기생(妓生) 2명은 앞에 서서 양손에 하나씩 각각(各各) 호로(葫蘆)를 쥐고 마주섰다 등졌다 하며, 뒤에 선 10명은 주악에 맞추어 서로 자리를 바꾸어 가면서 사(詞)를 부르며 춤을 춤.

*계율(戒律); 불자(佛者)가 지켜야 할 규범. 계는 깨끗하고 착한 습관을 익혀 지키기를 맹세하는 결의를, 율은 교단(教團)의 규칙을 이른다.

震默(진묵)의 天衾地席山爲枕(천금지석산위침)이다.

天衾地席山爲枕(천금지석산위침) 하늘땅 이부자리로 산을 베고
月燭雲屏海作樽(월촉운병해작준) 달 촛불 구름 병풍 바다 술 단지에
大醉居然仍起舞(대취거연잉기무) 대취함에 인(因)하여 스르르 춤을 추니
却嫌長袖掛崑崙(각혐장수괘곤륜) 언뜻 곤륜산에 긴 소맷자락이 걸리려 누나.

*진묵(震默大師); 1562~1633년 조선 중기 승려, 속명은 일옥(一玉), 석가의 소화신(小化身)으로 추앙받았으며 술을 즐겼다. '곡차'라는 말이 그에게서 유래했다.

*곤륜산(崑崙山); 중국 서쪽, 전설상의 산. 귀옥(貴玉)이 난다고 알려져 있으며 전국시대(戰國時代) 말부터 여신들의 여왕 서왕모(西王母)가 살며 불사(不死)의 물이 흐른다고 한다.

*영음(靈音); 무아(無我 자기의 존재를 잊는)에서 자신도 모르게 내는 소리.

*골골(汨汨); 물이 흐르는 소리(擬聲語). 졸졸. 계곡의 물소리가 맑고 순진함이 넋도 씻어짐은 무심(無心)으로 하는 영언(靈言)의 노랫소리임에도 가없이 흐르기 때문이다.

*佛; 석가모니. 불교. 여기에 사람이 빠지면, 하찮은 돈(弗 - 미국의 화폐)이다. 먼지를 떤다는 불(拂)이 들어가 돈은 먼지이기에 털어내야 하는, 한국 한자 값을 지불(支拂)하다이다.

입으로만 외치면 아닌 불(咈)이, 자연과 함께 흙에 묻혀 산들
먼지가 자욱이 이는 불(坲)이, 산에 든들 산길 첩첩하고(岪),
계절의 끝이 이르면 사그라질 풀 같은 번뇌만 우거질 불(第)
일 뿐, 이에 색(色)이 들면 잠든 정(情)이 발끈할 불(艴)이다.
*禪悅(선열); (佛) 선정(禪定)에 들어 느끼는 기쁨.

잔(盞) 들어 조소(嘲笑)한 오감

일선(一線)을 긋고는 하늘과 물을 잘랐다.
한 줄기 홍우(紅雨)에 꿈조차 취(醉)하는데
노을이,
색(色) 내 버리니
익숙한 낯선 광음(光陰).

옥랑(玉浪)일지나 환화(幻化)인, 일렁이는 머무름
끓어오르는 부말(浮沫)로 이울길 하릴없다.

온 물이 감에도 질정(質定)치 못하다.
펄 비린내 나르는 황혼(黃昏)이 깃든 질 잔(盞)
오고 감 비웃었더니, 비일역비이(非一亦非二) 임임이.

탁류(濁流)는
요동(搖動)칠지언정,
청정(清靜)하다. 수월(水月)은.

*잔(盞) 들어 조소(嘲笑)한 오감; 처음은 시제(詩題)를 소오강호
(笑傲江湖 - 강호를 비웃다)에서 따, 강호는 세상이다. 소오광
음(笑傲光陰 - 인생, 오고 감을 비웃는다)이라 했었다. 김용의
무협 소설 영화, 소오강호(笑傲江湖)는 정파(正派)와 사파(邪派)

를 넘는 두 남자의 우정(友情)과 소(簫 - 피리)와 금(琴 - 거문고)의 합주곡(合奏曲)으로 소오강호지곡(笑傲江湖之曲)이라 부른 곡은 무협 영화의 상징으로 자리 잡은 곡이다.

이 詩는 소오강호에서 시상(詩想)이 나왔다.

- 화산파 영호충은 무술 비급 「규화보전」을 서로 차지하려는 무림 각 정파의 계략에 휘말린다. 그들은 일월신교(日月新敎 - 조로아스터교)를 마교(魔敎)라며 사파(邪派)로 여기나 실제 자신들이 더 악하다. 영호충은 이들의 위험에 빠지나 일월신교 교주 딸 임영영의 도움으로 벗어나게 된다. '강호는 정(正)과 사(邪)라나 나눔이 모호(模糊)하다는 것이 주제이다. '동방불패(東方不敗)'가 속편이다.

- 황점(黃霑)의 주제곡도 아름다우며 인생무상(人生無常)의 가사가 가슴을 울린다.

滄海一聲笑 푸른 파도에 한바탕 웃는다.

滔滔兩岸潮 도도한 파도는 해안에 물결을 만들고

浮沈隨浪記今朝 물결 따라 떴다 잠기며 아침을 맞는다.

滄天笑紛紛世上滔 푸른 하늘을 보고 웃으며 어지러운 세상사 모두 잊는다.

誰負誰剩出天曉 승자는 누구이며 패자는 누구인지 새벽하늘은 알까

江山笑煙雨遙 강산에 웃음으로 물안개를 맞는다.

濤浪濤盡紅塵俗事知多少 파도와 풍랑이 다하고 인생은 늙어가니 세상사 무엇이리.

淸風笑竟惹寂寥 맑은 바람에 속세의 찌든 먼지를 모두 털어버리니

豪情還賸一襟晚照 호걸의 마음에 다시 지는 노을이 머문다.

蒼生笑不再寂寥 만물은 웃기를 좋아하고 속세의 영예를 싫어하나니

豪情仍在癡癡笑笑 사나이도 그리 어리석고 어리석음에 소리 내

웃는다. 한바탕 하하하~

- 조로아스터교(Zoroastrianism); 배화교(拜火教). 천교(祆教). 마즈다교(Mazdaism). 기원전 1800년에서 기원전 640년경 중동 박트리아 지방에서 차라투스트라(Zarathustra - 조로아스터)가 세웠으며 창조신 아후라 마즈다(Ahura Masda)를 중심으로 선과 악이라는 이원론적 세계관이 교리의 중심으로 스펜타 마이뉴와 앙그라 마이뉴(아리만)의 투쟁이 있으며 궁극적으로 선이 악을 이기고 만인이 구원받게 된다는 교리이며 경전은 아베스타이다.

　기원전 600년경 페르시아의 다리우스 1세 때 오늘날 이란 전역으로 해서 기원전 5세기 무렵 그리스에까지 전해졌다.
조로아스터가 77세 때 전쟁으로 성화(聖火 - 거룩한 불) 앞에서 적군에 의해 죽어 성화를 숭배한다. 중국 무협 영화 '의천도룡기'도 성화를 지키려는 마교가 조로아스터교이다. 정파는 자신들은 정의를 위한 문파이며 마교는 악(惡)이기에 그들이 숭배하는 성화(聖火)를 꺼트리고 그들을 멸하려 하나 사실은 의천검과 도룡도에 숨겨진 절세 무공의 비밀을 탐하면서 명분만 세운, 훨씬 더 비열하고 악하다. 역시 소오강호처럼 선과 악의 경계가 모호함이 영화의 주제이다.

　최근 2015년 한 해 이라크령 쿠르디스탄에서는 10만여 명의 사람이 조로아스터교로 집단 개종했다.

*일선(一線)을 긋고는 하늘과 물을 잘랐다; 수평선.
*홍우(紅雨); 붉은 꽃잎이 비 오듯 많이 떨어짐. 여기서 紅雨는 紅友(술)의 해음자.
*색(色); 물질적인 형체가 있는 모든 존재.
*환화(幻化); 실체가 없는 것을 현재 있는 것처럼 여김.
*옥랑(玉浪); 맑은 파도(세상살이-맑은 것 같으나, 내면에 이는

파도).

*일렁이는 머무름; 바다의 파도가 제아무리 일지나 바다는 늘 바다로 제자리에 있다.

*부말(浮沫); 물거품.

*질정(質定); 갈피를 잡고 헤아려 정함.

*황혼(黃昏); 해가 지고 어둑어둑할 때, 또는 그때의 어스름한 빛. 한창때가 지나 쇠퇴하여 종말에 이른 때.

*질; 질그릇을 만드는 흙.

*비일역비이(非一亦非二); 富那夜奢(부나야사)에게서 나온 말로 '하나도 둘도 아니다. 곧 같다.'

- 富那夜奢(부나야사)

迷悟如隱顯(미오여은현) 미혹과 깨달음, 숨음과 드러남 같아
明暗不相離(명암불상리) 밝고 어둠이 서로 여의지를 않는다네.
今付隱顯法(금부은현법) 이제 숨음과 드러남은 본래의 법이니
非一亦非二(비일역비이) 하나도 둘도 아닌, 하나인 것을.

- 非一亦非二; 깨달음과 미혹이 둘이 아닌, 하나란 뜻.

- 부나야사(富那夜奢 - puṇyayaśas 산스크리트어) 성은 구담 (瞿曇.) 1세기(世紀) 인도(印度) 화씨국(華氏國)에서 출생한 석가(釋迦) 11대 제자(弟子)로 10대 제자(弟子) 협존자(脇尊者)에게 법(法)을 받고 마명(馬鳴)에게 법(法)을 전했다.

*수월(水月); 물에 잠긴 달. 심월(心月). 달은 혼탁한 탁류에 잠겼을지나 청정(淸淨)하다.

- 淸淨; 맑고 깨끗함. 더럽거나 속되지 않음. 맑고 깨끗하게 함. (불교) 허물이나 번뇌의 더러움에서 벗어나 깨끗함. 계행 (戒行)이 조촐하다.

- 戒行; 계율을 지켜 닦는 행위.

- 조촐하다; 아담하고 깨끗하다. 행동이 난잡하지 않고 단정하다. 외모가 말쑥하고 맵시가 있다. 호젓하고 단출하다.

애애 단종(哀哀端宗)

가없는 애틋함, 이움조차 멎은 백성(百姓)
옥(玉)구슬 이슬에 시드는 단풍(丹楓)나무
청령포(淸泠浦) 핏빛 안개 갠 하늘 물들이니
천만(千萬) 길 홋줄에 매인, 일렁이는 조각배.

기울다 노을 되어 기슭에 앉은 해
북두성(北斗星)인들 차마 한성(漢城)을 가리키리
우거진 넝쿨에 서럽게 걸린 달
모래톱 갈댓잎에서 숨어 우는 세(細)피리.

칠백 여만(七百餘萬) 터전에 아침 햇살 깃드는데
간밤의 한 의(義)가 붉은 피 솟고서
창(窓)살에 먼동 트니, 절필(絶筆)한 선비들
철없는 어린 참새가 희롱(戲弄)하는 가지들.

다리 위, 이별(離別)이 차마 어이 못 해서
초목(草木)은 멀찍한 채 어린 눈물 머금고
뜬구름 그 권세(權勢) 대(代) 누릴 듯 더니
내세운 까짓 명분(名分)에 침묵(沈默)을 깬 하늘.

이 화(李花)의 여린 가지, 곁가지에 꺾이고
아련한 세월(歲月)임에 울리는 말발굽

산천(山川)은 불타나, 하늘은 차디찬데
만고(萬古)를 퍼져나가는 왈패(曰牌)의 징과 북.

낙산(駱山)의 뜨는 해 인왕산(仁旺山)에 져가니
대의(大義)를 거스른 자(者) 천하(天下)를
군림(君臨)하고
떠나간 옛사람, 낌새를 아는 백관(百官)
바둑판(板) 한 집 조찬들 지키지 못한 태세(態勢).

새하얀 어린 학(鶴) 어름 살(蘱)로 떨구고
치미(鴟尾)를 황금색(黃金色) 용각(龍刻)으로 새길지나
제빛을 지키는 봉래산(蓬萊山) 푸른 솔
대들보 다시 놓은들, 개 수양(首陽) 버드나무.

햇살에 번뜩이는 차가운 칼바람
선왕(先王)의 집현전(集賢殿) 학자(學者)들 끊으니
영도교(永渡橋) 그늘터 황곡(黃鵠)의 살(煞)풀이
와색(瓦色)은 그대로건만, 부엉이 울음소리.

수양(首陽)의 창(槍)칼이 노을을 베는데
달빛 받은 직녀(織女)의 애련(哀憐)한 베틀 소리
뜬눈으로 지새운 견우화(牽牛花) 붉은 망울
가없는 그리움으로, 하염없이 지나니.

바다로 들고서는 되돌아와 흐른 강(江)
깊은 연지(硯池) 메마르니 굳어져 가는 붓촉
하늘조차 물 들은 푸르른 머리칼
겉늙은 솔가지에서 자규(子規)가 된 어미 봉황(鳳凰).

깨어진 넋들을 쌓아 올린 망향탑(望鄉塔)
기울어진 솔바람에 우짖는 정령송(精靈松)
붉은 피 흐르는 장릉(張陵)의 가을 잔디
밤 내내 애끓더니만, 온몸 다 젖는
서강(西江).

어소(御所)를 지키는 금군(禁軍)이 된 안개
눈물 탑(塔) 쌓느라 제 몸 녹음 잊은 촛불
칼 빛을 가리려 도성(都城) 나선 흰 구름
뚝 나무, 뜰먹거리게 소낙비로 우나니.

분노(忿怒)마저 애틋한 홍살문(紅箭門) 꺾인
정자각(丁字閣)
젯날이면 치솟는 영천(靈泉)의 맑은 샘
장판옥(藏版屋) 이백육십팔인(二百六十八人) 위패(位牌)로
든 충절(忠節)
만백 년(萬百年) 이지러진들 다시 차, 오른 달.

여명(黎明)을 이르러 동해(東海)에 토(吐)한 혈(血)

눈 내린 섶다리를 짙붉게 물들이고
허망(虛妄)한 충절(忠節)은 예나 지금(只今)이려니
금표비(禁標碑) 덧덮은 채 난, 이끼로 인 탄식(歎息).

떼거리로 빌붙어 피 흘리는 철(鐵) 거머리
이르러 삼키는 역사(歷史)의 불가사리
달무리 지지 않던 구만여(九萬餘) 비(妃)의 밤
치세(治世)를 세우시나니, 영월(寧越)에 핀 향(香) 넋.

*옥(玉)구슬 이슬에 시드는 단풍(丹楓)나무; 이는 두보가 안사
의 난을 피해 대력 원년(766년) 기주에서 가난과 병들고 늙은
몸으로 고독과 고향을 그리워하는 마음을 추흥팔수(秋興八首)
육십사구나 되는 긴 연작시 칠언율시를 지었는데, 其 一 초장
인 '玉露凋傷楓樹林(옥로조상풍수림) 옥 같은 이슬에 시드는
단풍나무 숲'에서 가져왔다. 모두 실을 수 없음은 매우 긴 詩
이기 때문이다.
*가을; 음력 10월 24일, 애틋함에 유난히 이운 가을이었다.
유시(17~19)에 어린 조카를 죽인 것은 이목(耳目) 때문이다.
*홋줄; 배가 정박하면 떠내려가지 못하게 묶는 굵고 질긴 밧
줄. 수양의 칼날.
*세(細)피리; 피리의 하나. 향피리와 모양이나 음넓이는 같은
데 조금 가늘고 작으며, 가곡·가사·시조 따위의 연주용으로
쓴다. 비교적 음량이 작은 거문고, 단소와 같은 악기가 중심
이 되는 세악(細樂)에 편성된다. 궁(宮) 안팎 사람들.
*조각배; 금부도사 왕방연(王邦衍). 수양의 칼날을 벗어나지 못
한 채 천만리 홋줄에 일렁이는 조각배 같은 자신, 왕방연(王邦

衍)은 비애감을 떨치지 못해 하늘을 보며 역모(逆謀)에 얽힐 노래를 불렀다.

세종이 한글 공표를 1446년 9월 10일 하셨다. 수양 찬탈 3년인 1457년에 어린 임금께서 청령포 길로 오르셨으니 거의 10여 년 만에 이렇게 아름답고 애틋한 한글 詩를 지을 만큼 왕방연은 충절(忠節)뿐만 아니라 문재(文才)가 뛰어났다. 옆은 1617년 광해군 때 병조참의 김지남(金止南)이 영월 순시 중 역(易)한 한시(漢詩)이다.

천몬 리 머ᄂ먼 길에 고은 님 여희옵고
千里遠遠道 美人離別秋(천리원원도 미인별리추)
내 ᄆ음 둘 듸 업서 냇ᄀ에 은으이다
此心無所着 下馬臨川流(차심미소착 하마임천류)
져 물도 내 은 ᄀ으야 우러 밤길 녜놋다.
川流亦如我 嗚咽去不休(천류역여아 오열거불휴)

관직을 떠난 그는 중랑천가 먹골에 거하며 배나무를 심어 어린 임금의 제삿날이면 영월로 향한 상(床)에 배를 올리고는 절을 올렸는데 이 배가 먹골배의 기원이다. 그의 생몰에 대해서는 알려지지 않은 채 월백(月魄)한 이화(梨花)는 바람에 져갔다. 익은 뜻과 향(香)만 남기고는, 그때 왕방연에게 분 청령포 바람도 이리 스산했을까? 어린 임금과 왕방연, 원효, 저자의 지난날이 가없기만, 하다. 그가 그곳에 묻히자 사람들은 그를 기려 왕방골이라 이르렀는데 중랑구 왕방골이 그곳이었다. 정순왕후와 헤어진 영도교(永渡橋)는 이름만 남겨지고, 다시 울지 않는 황곡(黃鵠 - 오릿과 겨울 철새).

국립극장 달오름에서 무대에 오른 창극 '아비 방연'은 혼례를 앞둔 딸을 위해 평생 간직한 신념을 꺾고 가시 덩이를 가

습에 품고 청령포로 가는 방연, '계유정난'이라는 추한 역사가
아닌, 어린 임금에게 사약을 들고 가는 한 개인의 처절함, 딸
을 위해 간 길이었건만, 돌아오니 실성한 채로 그렇게 사랑한
아버지를 알아보지 못하는 딸, 그날도 그리했을,

 객장 밖을 부는 바람도 울고 갔다. 신념과 소신을 지켜온 가
시밭길, 가신 부모님이 뒤엉켜 눈물이 앞을 막았다. 어쩌다
이를 보러 와서…. 그러나 누구나 봤으면 하는 무대였다.

- 원호(元昊); 생육신(生六臣). 자 자허(子虛), 호 무항(霧巷)·관
란(觀瀾), 본관은 원주이다. 집현전 직제학으로 수양의 천하가
되자 고향에 거했다. 임금의 유배지 강 건너 관란(觀瀾)이라는
집을 짓고 시를 읊으며 아침저녁 건너보며 울다가 임금이 죽
자 3년 상을 치렀다. 세조의 부름에 끝내 거절하고 고향에서
생을 마쳤다.

간밤에 울던 여울 슬피 울어 지내어든
이제야 생각하니 님이 울어 보내도다
저 물이 거슬러 흐르고져 나도 울어 녜리라.

*칠백 여만 터전; 수양 시절 조선의 인구는 인구 대사전에 의
하면 약 730만 정도이었다.
*깃들다와 깃들이다; '깃들다.' 서려 있는 것이다. '황혼이 깃
들었다.' '우리 겨레의 숨결이 깃들어 있다.' '깃들이다.' 보금
자리를 만들어 산다는 말 '숲에는 많은 새가 깃들여 산다.'
*간밤의 한 의(義); 사육신(死六臣-단종 임금의 복위를 꾀하다
실패한, 이개(李塏)·하위지(河緯地)·유성원(柳誠源)·유응부(兪應)·
성삼문(成三問)·박팽년(朴彭年), 여섯 충신.
*절필(絶筆); 죽기 전에 마지막으로 쓴 글이나 글씨. 붓을 놓

고 다시는 글을 안 씀.

*절필한 선비; 생육신(生六臣 - 세조에게 분개하여 벼슬을 하지 않던 여섯 사람으로 이맹전(李孟專)·조여(趙旅)·원호(元昊)·김시습(金時習)·성담수(成聃壽)·남효온(南孝溫)을 이름.

*내세운 까짓 명분(名分); 왕권 강화라는 명분이었으나 감춰진 야망이었다.

*이 화(李 花); 자두나무꽃. 조선 왕실 성 씨.

*만고(萬古)를 퍼져나가는 왈패(曰牌)의 징과 북; 만고가 흐름을 지나 조부처럼 왈패(曰牌)의 역모이다.

*낙산(駱山)의 뜨는 해 인왕산(仁旺山)에 져가니; 동산(東山)과 서산(西山).

*치미(鴟尾); 전각(殿閣), 문루(門樓) 따위 전통 건물의 용마루 양쪽 끝머리에 얹는 장식 기와. 매의 머리처럼 쑥 불거지고 모가 난 두 뺨에 눈알과 깃 모양의 선과 점을 새겼다.

*개 수양(首陽)버들; 수양(首陽). 首陽은 垂楊의 해음자(諧音字). 우리나라 특산종이나 목공예품으로는 사용하지만, 재목(材木) 감은 아니다. 필자는 개(犬)수양(首陽)이라는 뜻으로….

*선왕(先王)의 집현전(集賢殿) 학자(學者)들 끊으니; 세종은 집현전 학자들이 관의 일에서 벗어나 학문에만 전념하게 하여 훈민정음 창제를 돕고 『고려사』『농사직설』『팔도지리지』『삼강행실도』『용비어천가』『월인천강지곡』 등 많은 책을 펴냈으나 1456년 집현전 학자들이 단종 복위 운동을 벌이자 수양은 얽힌 자들을 죽이고는 집현전을 폐지했다.

*침묵(沈默)을 깬 하늘; 세조의 맏아들은 20세에 요절, 둘째 예종은 왕이 된 1년 2개월째 사망, 손자 성종은 소갈증으로 38세에 죽음, 자신은 악몽과 심한 피부병에 시달리다 나 병으로 죽었다.

　모사꾼 한명회는 권력과 부를 누리나 큰딸은 예종이 일찍 죽어 청상이 되고 작은딸도 성종의 비가 되었으나 20세가 못

되어 죽고 그는 연산군 때, 폐비 윤 씨 문제로 무덤에서 꺼내져 부관참시 된다.

*견우(牽牛); 나팔꽃. 단종 임금(定順王后를 직녀로 빗대어). 아침에 붉은색, 보라색, 흰색의 꽃이 활짝 피기에 영어로는 Morning Glory. 해가 뜨면 이내 짐으로 꽃말은 '허무한 사랑'이다.

*바다로 들고서는 되돌아와 흐른 강(江); 성서(聖書) 전도서(傳道書) 1; 7의 '江河向海裡流(강하향해리류) 海却不滿溢(해각불만일) 江河之水歸回本源(강하지수귀회본원) 循環流轉(순환류전) 모든 강은 바다로 흐르되 여전히 바다를 채우지 못하며 강들은 자기들이 나오는 곳으로 거기로 되돌아가느니라.'에서. 왕이나 왕조가 바뀌거나, 정권이나 권력자가 바뀌어도 이름이나 사람들만 바뀌었을 뿐, 바뀐 것은 없다. 결코, 바뀌지도 않고. 바다는 구름이 되고 구름은 비가 되어 숲과 대지에 내릴지나 그 비를 품었다가 강이 되어 바다로 다시 흘러들고 바닷물은 다시 구름과 비가 되어 숲이나 대지에 내리고, 무엇을 바라며 무엇을 기대하리오, 다른 형태와 다른 이름으로 순환할 뿐인 것을….

*깊은 연지(硯池 - 벼루의 오목한 곳) 메마르니 굳어져 가는 붓촉; 어린 임금은 시재(詩才)가 뛰어남에도 더는 붓을 들지 못했는데 메마른 것은 어디 연지(硯池)와 붓촉만 이리….

*자규; 촉나라의 황제 두우가 나라에서 쫓겨나, 원혼이 새가 되어 망국, 이별 등 한(恨)을 상징한다.

子規(자규) 端宗(단종)

一自冤禽出帝宮(일자원금출제궁) 궁궐 나온 한 맺힌 새
孤身隻影碧山中(고신척영벽산중) 푸른 산 외롭게 드린 그림자
假眠夜夜眠無假(가면야야면무가) 밤마다 빌리나 빌릴 잠 없고
窮恨年年恨不窮(궁한년년한불궁) 해마다 다 한 한 끝이 없으니
聲斷曉岑殘月白(성단효잠잔월백) 새벽 산 소리 끊어졌으나 달

은 희기만 한데

血流春谷落花紅(혈류춘곡낙화홍) 봄 골짜기 토한 피 떨어져 흐르는 꽃잎 붉히네.

天聾尙未聞哀訴(천롱상미문애소) 하늘은 귀먹어 애통함 듣지 못하고

何乃愁人耳獨聽(하내수인이독청) 어이해 근심겨운 이의 귀는 홀로 밝은가.

열두 살 어린 임금이 귀양지 영월의 자규루(子規樓)에 올라 지은 피를 토하는 시이다.

子規詞(자규사 - 두견새)

月白夜蜀魂추(월백야촉혼추) 달 밝은 밤 자규의 울음에

含愁情依樓頭(함수정의누두) 시름 깊어져 누 머리 기대었네.

爾啼悲我聞苦(니제비아문고) 구슬픈 네 울음 듣기 괴로우니

無爾聲無我愁(무니성무아수) 그 소리 아니었으면 이내 시름없으련만

寄語世苦榮人(기어세고영인) 세상 괴로운 이들에게 보내노니

愼莫登春三月子規樓(신막등춘삼월자규루) 부디 춘삼월에는 자규루에 오르지 마오.

*어미 봉황; 단종의 어머니. 문종의 비 현덕왕후 권 씨(顯德王后 權氏) 본 안동(安東).

*망향탑(望鄕塔); 단종 임금이 비(妃) 정순왕후가 그리워 돌을 주워 쌓은 돌탑.

*기울어진 솔바람; 주변 소나무들도 품은 한이 무거운지 기울어있다.

*정령송(精靈松); 애절함에 후인들이 조성한 소나무.

*붉은 피 흐르는 장릉(張陵)의 가을 잔디; 가을의 마른 잔디.

*밤 지니 애긇다 못해, 온몸 다 젖는 서강(西江); 밤이 진 새벽녘, 서강에 피는 물안개.

*어소(御所); 임금이 계신 곳.

*금군(禁軍); 고려·조선 때, 궁중을 지키고 임금을 호위하던 군대. 금병. 금위(禁衛). 금위군.

*뚝-나무; 느릅나무. 청령포의 400여 년 느릅나무.

*눈물 탑(塔) 쌓느라 제 몸 녹음 잊은 촛불;

*뜰먹거리다; 자꾸 뜰 먹이다.

*홍살문(紅箭門); 능(陵)·원(園)·묘(廟)·궁전 등에 세우는, 붉은 칠을 한 문.

*분노(忿怒)마저 애틋한 홍살문(紅箭門) 꺾인 정자각(丁字閣); 홍살문에서 정자각(丁字閣-능에서 제사를 지내기 위해 봉분 앞에 '丁'자 모양으로 지은 집) 드는 참도(參道-왕릉을 참배하려 홍살문에서 왕릉 앞 정자각까지 만든 길)는 일자형(一字形)이어야 함에도 처음부터 왕릉으로 조성한 터가 아니었기에 꺾여 있음이, 애틋한 분노가 일어난다.

*영천(靈泉); 잿날이면 맑은 물이 솟았다는 샘.

*장판옥(藏版屋); 단종 임금을 위해 목숨을 바친 충신위(忠臣位) 32인, 조사위(朝士位) 186인, 환자군노(宦者軍奴) 44인, 여인위(女人位) 6인 등 총 268명의 위패를 모신 옥(屋 - 집).

*여명(黎明); 희미하게 밝아 오는 빛. 또는 그런 무렵. 갓밝이. 어둑새벽. 희망의 빛. 아침노을.

*섶다리; 영월군 주천면 판운리 마을의 10월경 설치하여 3월경 해체하는 섶으로 만든 임시 다리. 판운마을 회관 앞에 놓여 평창강을 사이에 둔 밤나무가 많은 밤 뒷마을과 건너편 미다리마을을 잇고 있는데 겨울의 눈 내린 섶다리에 노을이 지면, 그 운치가 그윽하다. 전국 곳곳에 있는 섶다리는 1428년(세종 30년) 경상북도 청송군의 용전천(龍纏川)이 넘치니, 청송 심 씨 시조 묘에 자손들이 건널 수 있게 섶나무를 엮어 놓은 다리가 시초라고 한다.

*눈 내린 섶다리를 짙붉게 물들이고; 저녁노을.

*덧덮다; 덮은 위에 다시 겹쳐 덮는다.

*철(鐵) 거머리; 수양을 따른, 궁 안팎 무리.

*불가사리; 괴이한 모습에 쇠를 먹으며 악몽(惡夢)을 물리치고 사기(邪氣)를 쫓는다는 상상의 동물. 기어이 되찾은 의(義).

*달무리 지지 않던 구만여(九萬餘) 비(妃)의 밤; 240년을 날 수로는 87,600 여일이기에.

*옥좌(玉座) 꽃; 1698년 숙종(肅宗)은 재위 25년째 되든 해, 노산군(魯山君)과 송씨부인(宋氏夫人)을 240년 만에 단종과 정순왕후(定順王后)로 복위(復位)시켰다.

*치세(治世); 잘 다스려져 태평한 세상. 세상을 잘 다스림.

- 단종문화제는 매 4월 마지막 주 금요일부터 3일간 열린다.

아, 황하(黃河)여

태(胎)를 열었다.
곤륜산(崑崙山) 낭원(閬苑) 뜰 낭지(閬池)가
천천 산(千千山) 만만(萬萬) 땅 갈채(喝采)를 받고서
레나나 미시시피가, 부복(俯伏)하는 백강 왕(百江王).
천하(天下)의 강(江)들이 대호(大湖)나 오대양(五大洋)
창공(蒼空)이 창창(滄滄)한들 한갓 허공(虛空)이련만
올차게 드리워내는 지존(地尊)의 본(本)바탕.
삼황(三皇)의 붉은 빛 구만리(九萬里) 황포(黃袍) 자락
천연(天然) 필(筆)로
펼치는 중화(中華)의 호호청사(杲杲靑史)
도도(滔滔)한
일필휘지(一筆揮之)에 사해(四海)가 젖는다.
곤륜포(崑崙袍) 너울에 무전대풍(無前大風) 이 나니
춘추(春秋) 일렁거리며 폐부(肺腑)를 쓸고서
이대로 동화(同化)되어서는 구만 년(九萬年)
흘러 고저.
구미(歐美)의 패권주의(覇權主義) 바다를 물들이다
잘난 듯 끝없이 곤곤래(滾滾來) 할 것 더니
파도(波濤)로 요동(搖動)치면서
함토(含吐)한들 흰 거품.
만절필동(萬折必東) 황토(黃土)를 하구(河口)로 뻗치어
세 해에 이십 오리(二十五里) 사해(四海)를

중화(中華)하다
서왕모(西王母) 얼이 깨어나 치세(治世)로 잇누나.

*황하(黃河); 중국 서부에서 동북부로 흐르는 5,464Km의 중국에서 두 번째로 큰 강이다. 칭하이성(靑海省)의 야허라다허쩌산(雅合拉達合澤山)에서 화베이평야로 해서 보하이 만(渤海灣)으로 흘러 들어가며 황토가 뒤섞인 누런빛에 붙은 이름으로 중하류는 중국 문명의 요람지이다.

*곤륜산(崑崙山); 중국 전설상의 높은 산. 북서쪽 끝에 있으며, 보옥(寶玉)이 난다. 전국(戰國) 시대 말기부터 선녀(仙女) 서왕모(西王母)가 살며 불사(不死)의 물이 흐른다. 고대(古代)로부터 황허의 발원지로 여겼다.

*낭원(閬苑); 곤륜산 정상(頂上)에 있으며 신선이 살고 있다.

*낭지(閬池); 낭원의 못.

*한; 하나. 어떤. 바로. 가득. 큰.

*레나(Lena)江; 길이 4,345km. 시베리아 동부를 흐르는 러시아에서 가장 긴 강. 바이칼호 서쪽 연안 산지로부터 북극해로 흘러 들어간다. 러시아를 상징하는 강.

*미시시피(Mississippi)江; 길이 6,238km. 미국 중앙부를 흐르는 미국에서 가장 긴 강. 아이태스커호(湖)에서 멕시코만(灣)으로 흘러 들어간다. 미국을 상징하는 강.

*창창(滄滄)한들; 차갑고 푸르다.

*한갓; 다른 것 없이 겨우. 단지. 비단. 오직.

*백강왕(百江王); 모든 강의 왕이란 뜻으로 씀.

*지존(地尊); 땅의 존엄(尊嚴-인물이나 지위 따위가 감히 범할 수 없을 정도로 높고 엄숙함). 천하의 물빛이 푸름은 푸르고 찬 하늘의 빛을 받아 그러하나 황하 물빛이 땅 빛임은 땅의

존엄을 지키기 때문이다.

*삼황(三皇); 중국 고대 전설에 나오는 세 임금. 천황씨(天皇氏), 지황씨(地皇氏), 인황씨(人皇氏) 또는 복희씨(伏羲氏), 신농씨(神農氏), 수인씨(燧人氏)를 이른다.

*구만리(九萬里); 끝이 없다.

*황포(黃袍); 누른빛의 곤룡포(袞龍袍 - 황제의 예복)

*천연(天然); 사람의 힘을 가하지 않은 상태.

*중화(中華); 세계 문명의 중심이라는 뜻으로, 중국 사람들이 자기 나라를 이르는 말. 주변국에서 중국을 대접하여 이르는 말로도 쓰인다.

*호호(杲杲); (호롯 - 밝을 고. 밝을 호. 밝다. 높다. 햇빛이 환하다) 밝고 높다란 뜻.

*청사(靑史); 역사상의 기록.

*도도(滔滔)하다; 물이 그들먹하게 퍼져 흐르는 모양이 힘차다. 말하는 모양이 거침없다. 벅찬 감정이나 주흥 따위를 막을 길이 없다.

*일필휘지(一筆揮之); 글씨를 단숨에 죽 내리씀.

*사해(四海); 사방이 바다. 세상.

*사해(四海)가 젖는다.; 세상이 젖는다. 녹조류가 바다를 헤치나 황토가 이를 살린다. 황하의 황토물이 세상 바다를 살린다. 사해(四海)가 중화(中華)로 젖는다.

*곤륜포(崑崙袍); 황제의 예복.

*무전대풍(無前大風); 예전에 없던 큰바람.

*곤륜포(崑崙袍) 너울에 무전대풍(無前大風)이, 이 나니; 황하의 물결이 시대(時代)와 역사(歷史)를 바꾸는 큰바람을 일게 한다.

*춘추(春秋); 역사(歷史).

*구미(歐美); 유럽과 미국. 서양.

*패권주의(覇權主義); 강한 군사력으로 세계를 지배하려는 제국주의 정치.

*곤곤래(滾滾來) 하다; 도도(滔滔)한 물결이 차고 넘치다.
*함토(含吐)하다; 머금고 뱉다. 자유자재로 출입하게 하다.
*만절필동(萬折必東);'황허(黃河)는 굽이가 제아무리 많을지언정 반드시 동쪽으로 흘러간다'로 충신의 절개는 꺾을 수 없음을 뜻함.
*세 해에 이십 오리(二十五里) 사해(四海)를 중화(中華)하다; 하류로 운반되는 토사 함유량은 1년에 13억 8000만 t으로 세계 제일이며 하구는 3년에 10km씩 쌓인다.
*서왕모(西王母) 얼이 깨어나 치세(治世)로 잇누나.; 토사 유실 방지 공사로 맑은 물과 관례로 이어온 홍수를 중단 시키고 관개 수로는 물론 뱃길과 수신제가 치국평천하(修身齊家 治國平天下), 중화의 평천하를 앞두고 치국을 위한 백 년(百年) 대장정(大長征)을 시작하다.

*황하의 시 한 수를 감상하는 것도 좋으리라.
浪淘沙(낭도사 - 모래 씻기 우는 물결) 劉禹錫(유우석)
九曲黄河萬里沙(구곡황하만리사) 황하는 굽이져 흐르고 모래밭은 만 리을 펼치니
浪淘風簸自天涯(낭도풍파자천애) 물결이 씻기 우고 바람이 날려 우며 하늘 끝에서 오누나.
如今直上銀河去(여금치상은하거) 이제 바로 세운다면 은하까지 다 달으니
同到牽牛織女家(동도견우직여가) 어울려 견우직녀 거처로 이르러나 보구려.
- 劉禹錫; 당나라(772년~842년) 정치인. 시인. 자 몽득(夢得, 호 여산인(廬山人), 낙양(洛陽) 출신이다. 위응물, 백거이와 '삼걸(三傑)'로, 만년에 백거이와 시로 교류하여 유백(劉白)이라 불리기도 했다. 호방한 시로 시의 호걸(豪傑) 시호(詩豪)로도 불렸으며 『유몽득문집(柳夢得文集)』30권과 『외집(外集)』10권

『유빈객집(劉賓客集)』과 『죽지사(竹枝詞)』『유지사(柳枝詞)』와 『삽전가(插田歌)』 등도 지었다.

황하가 흐르는 두 시를 조금 더 보자.

涼州詞(양주사) 양주의 노래. 왕지환. 盛唐(성당) 때 시인(688년~742년) 자 季陵(계릉).

黃河遠上白雲間(황하원상백운간) 황하의 먼 상류 구름 속에 닿아 있고

一片孤城萬仞山(일편고성만인산) 한 조각 외로운 성은 만 길 높은 산에 있네.

羌笛何須怨楊柳(강적하수원양류) 오랑캐 피리는 이별 곡 '절양류'만 부는지.

春光不到玉門關(춘광부도옥문관) 봄빛은 옥문관 넘지 못하건만.

- 涼州詞(양주사); 양주의 노래.

- 一片孤城; 한 조각 외로운 涼州城(양주성).

- 楊柳; 折楊柳曲(절양류곡). 이별의 노래. 이별 때 버드나무 가지를 꺾어 주며 부른다.

- 玉門關; 敦煌市(돈황시) 서북쪽에 있는 관문. 西域(서역)으로 통한다.

- 鸛雀楼(관작루); 황학루, 악양루, 등왕각과 함께 중국 고대 사대 누각으로 원나라 때 전쟁과 명나라 이후 황하의 물길이 바뀌어 사라졌으나 1997년 12월 재건할 시 1층에 마오쩌둥이 직접 쓴 '등관작루'가 걸려있을 만큼 그는 생전에 이 시 쓰는 것을 좋아했다고 한다.

5언 절구 등관작루(登鸛雀楼)이다.

白日依山盡(백일의산진) 낮의 해는 서산에 기대어 져가고

黃河入海流(황하입해류) 황하는 바다로 흘러만 가네.

欲窮千里目(욕궁천리목) 천리를 보길 원하면

更上一層樓(갱상일층루) 한 층 더 올라야 한다네.

일지춘(一枝春)

프로메테우스 피에 붉게 젖어 드는 산하(山河)
칠천 년(七千年) 불덩이 회전(回轉)하는 나날들
꺼지려 드는 예 일러,
봄소식 묻나니.

하늘 아래 갖은 흐름 가없이 품은 바다
뭇 구름 모여든들 우뚝이 선 태산(泰山)
오감이 가없음에도 여유만만(餘裕滿滿) 한 광음(光陰).

백학(白鶴)은 비둘기, 범이 된 개승냥이
만고(萬古)의 풍상(風霜)에 옛 등걸 된 목모(木母)
품은 뜻,
피어나나니,
외가지 핏빛 꽃.

*一枝春(일지춘); 봄을 알리는 나뭇가지 하나라는 뜻으로 '매화나
무'를 달리 이르는 말.
*프로메테우스(Prometheus)의 간(肝); (그리스 신화) 인간에게
불을 훔쳐 준 프로메테우스를 제우스는 금기를 어긴 죄를 물
어 가혹하게 처벌했다. 제우스는 그를 대장장이 신 헤파이스
토스가 만든 견고한 쇠사슬로 카우카수스 산 절벽에 묶어 놓
았다. 이어 자신의 독수리를 보내 프로메테우스의 간을 파먹

게 했다. 온종일 파 먹힌 간은 밤새 다시 돋아나면 이튿날 또 다시 독수리의 먹이가 되었다. 3,000년을 이어오다 헤라클레스가 나타나 독수리를 활로 쏘아 죽이고는 프로메테우스를 사슬에서 해방했다.

- 프로메테우스 화음(Prometheus和音); 1872년 1월 6일 모스크바에서 난 알렉산드르 스크랴빈(Alexander Scriabin)의 작품 「프로메테우스」에서 사용된 화음으로 4도 구성이 주를 이루는 변화 화음이다. 그의 곡 대부분은 피아노곡이다. 5번 소나타는 신비화음을 사용해 작곡한 황홀감을 나타냈는데 관현악곡 마지막 3곡 부제목이 '신성한 시', ' 법열의 시', '불의 신' 또는, '프로메테우스'로 신비화음 기법으로 작곡된 곡이다.

- 잘 알려지지 않았지만, 베토벤은 두 곡의 발레 음악을 작곡했는데 그중 하나가 서곡 '프로메테우스의 창조물' 작품43이다. 하지만, 안타깝게도 그 대본은 분실되었다.

- 리스터(Franz Liszt 1811~886)도 교향시 '프로메테우스' S99를 그렸다.

*프로메테우스 피에 붉게 젖어 드는 산하(山河); 노을.

*칠천 년(七千年) 불덩이 회전(回轉)하는 나날들; 수심(愁心)에 젖은 칠십여 년의 세월을 잘 알려진 이백의 백발삼천장(白髮三千丈)에 빗대었다.

 이백이 55세 때 영왕(永王) 이린(李璘)의 거병에 얽힌 죄로 귀양 갔으나 후에 풀려나 안후이성 호수 추포(秋浦)에서 17수로 된 연작시 중 물속에 든 자신의 흰 머릿결을 표현한 오언절구(五言絶句)이다.

秋浦歌(추포가).

白髮三千丈(백발삼천장) 흰 머릿결이 어느덧 삼천 장이라니
緣愁似個長(연수사개장) 깊은 시름에 이러히 자랐구나.
不知明鏡裏(부지명경리) 모르는 사이 거울 속에서는
何處得秋霜(하처득추상) 어디서 가을 흰 서리를 맞았는가.

*꺼지려 드는 예 일러, 봄소식 묻나니; 생의 끝이 다다르나 희망을 묻는다.

국색國色의 '欲問春消息 已過十八年'에서.

贈平壤客 國色. 증평양객 국색.

有客來何自(유객래하자) 나그네에게 어디서 온 지 물으니.

答云浿水前(답운패수전) 대동강 앞에서 왔다기에

欲問春消息(욕문춘소식) 그곳의 봄소식 물었더니

已過十八年(이과십팔년) 떠나 온 지 십팔 년이라 하네.

*국색國色; 평양(平壤) 또는 증산(甑山)의 기녀(妓女). 시작(詩作) 우음(偶吟), 증평양기(贈平壤妓), 평양명기국색시(平壤名妓國色詩), 대동강상송정인(大洞江上送情人) 등이 있다. 위시는 대동강 변에서 왔다는 객(客)에게 그곳 봄소식을 물으니 나그네는 '떠나온 지 십팔 년이나 지났기에 알 수 없다'고 한다. 떠나 떠도는 나그네에 외로운 자신을 빗댄 마음이 참 아리다.

*하늘 아래 갖은 흐름 가없이 품는 바다; 송나라 강지(江贄)의 通鑑節要(통감절요)에 나오는 말. 海納百川有容乃大(해납백천유용내대) 바다는 모든 강을 받아들이는 너그러움으로 거대하고 壁立千仞無慾則剛(벽립천인무욕즉강) 벽은 천 길을 다다르나 욕심이 없어 굳건하다.

- 청나라 정치가 임칙서(林則徐)가 영국 상선들의 아편 밀수를 막으려 양광총독(兩廣總督)으로 부임해 관아(官衙)에 걸은 글로 마오쩌둥(毛澤東)도 이를 좋아한 나머지 그의 집무실에 걸었었다고 한다.

*여유만만(餘裕滿滿)한 광음(光陰); 세월은 늘 오감에도 여유만만하다.

*개승냥이; 개 모양과 비슷한 승냥이라는 뜻, '늑대'이다.

*백학(白鶴)이 비둘기, 범이 된 개승냥이; 신돈(辛旽)의 天地生成品彙煩에서.

天地生成品彙煩(천지생성품휘번) 천지가 이뤄지니 뭇 만물

誰干洪造檀寒暄(수간홍조단한훤) 누가 막아 차고 더움을 멋대로 했는가.

歡情浹洽藏春塢(환정협흡장춘오) 기쁜 정 두루 미쳐 봄 깃든 언덕

怒氣陰凝蔽日雲(노기음응폐일운) 성난 숨 그늘에 구름은 해를 가리누나.

雉蜃鷹鳩猶足怪(치신응구유족괴) 꿩이 조개로, 매가 비둘기 됨이 야릇하거늘

龍魚鼠虎豈容言(룡어서호기용언) 용은 고기가, 쥐는 범이 됨을 어이 말하리.

可憐老木風吹倒(가련로목풍취도) 가여운 늙은 나무 바람에 쓰러지니

蘿蔦離披失所援(라조리피실소원) 기대어 산 지칭개 기댈 곳 잃고서.

- 可憐老木은 이성계가 왕좌에 앉힌 고려의 마지막 왕 공양왕(恭讓王)과 고려를 지칭한 것 같다.

- 지칭개; 90cm 정도 키의 국화과의 두해살이풀로 여름에 자주색 꽃이 핀다. 성질은 차고 열을 내리고 해독과 부기를 가라앉히며 어혈을 없애는 효능으로 치루나 작은 종기에 쓴다. 쓴 맛은 물에 몇 시간 담가 두면 빠지나 좋아하는 사람은 그대로 먹기도 한다.

- 주춤은 가볍게 놀라서 멈칫하거나 망설이는 모양을 나타내는 부사이다. 혹자는 이 '주춤'이 '즈츰개'의 '즈츰'에서 나왔다고 한다.

- 신돈(辛旽); 법명(法名) 편조(遍照) 자(字) 요공(耀空) 호(號) 청한거사(淸閑居士), 1323년 1월 21일~1371년 8월 21일(음력 1371년 7월 11일) 고려 말 경상도 영산 출신 승려 정치가이다. 노비와 토지개혁으로 귀족들의 힘을 약화하고 백성의 경제를 활성화함과 왕권을 강화하는 정책을 펴 억울하게 노비

가 된 사람들과 생계 탓에 자청해 된 노비를 해방하고 권문세
족이 착복한 돈을 회수하여 국가 재정을 튼튼히 했다. 노비에
서 해방된 사람들은 '성인(聖人)이 나타났다.' 칭송했으나 이를
잃은 지배층은 '중놈이 나라를 망친다.' 비난했다. 결국 겨우
49세로 기득권에 의해 형장(刑場)에서 목이 잘려 죽었다. 저서
『유본천부경』을 남겼다.

*목모(木母); 매(梅) 자(字)를 파자(破字 - 한자의 자획을 풀어
나눔. '李'자를 분해하여 '木子'라 하는 따위)하여'매화(梅花)나
무'를 달리 이르는 말.

*품은 뜻, 피어나나니, 외가지 핏빛 꽃; 이른 어느 봄날, 쓰러
진 늙은 원(原) 매화나무 한 가지에 핀 매화는 꽃이 아닌, 품은
뜻이었다. 둥치까지 썩어가고 있었으나 품은 뜻은 흙이 되기까지
피고 있었다.

- 바다. 泰山. 白鶴. 一枝春은 모두 시인 자신.

울지 않는 종(鐘)

일체(一體)가 끓었다. 잡다(雜多)한 도가니
하마 못 이르는 비견(比肩)한 형체(形體)에
붓고는, 끓이었었다. 수(數) 잃은 재 부숨.

당좌연(撞座蓮) 틔우는. 타종봉(打鐘棒) 지엄(至嚴) 함
태허(太虛)에 사뭇 긋는 대오(大悟)의 선음선(禪音線)
질척인 어니(淤泥)일지나.
무구(無垢)히 핀 보련화(寶蓮華).

뚜들겨 맞음이 움킨 걸 놓음이
무너질까 두려운 자아(自我)의 교악(喬嶽)함
그 너머, 더 머다랗게, 멎음 없는 맥놀이.

내 벗은 유애(有愛)에 바스러진
금강 자아(金剛自我)
진여(眞如)에 담았다. 물(物) 없는 물(物) 되어
이 팔(二八)을, 삼삼(三三) 치나니,
깨어난 참소리.

*하마; 바라건대. 또는 행여나 어찌하면.
*붓다; '부수다'의 준말.

*비견(比肩); 어깨를 나란히 함. 정도가 서로 비슷함.
*타종봉(打鐘棒); 종을 치는 둘레가 둥근 큰 통나무.
*당좌(撞座); 타종봉이 종을 치는 자리. 주로 연꽃이 새겨져 있다.
*대오(大悟); 크게 깨달음.
*선음선(禪音線); 종 울림이 선(禪)의 선(線)과 같다.
*보련화(寶蓮華); 연꽃.
*그 너머, 더 머다랗게, 멎음 없는 맥놀이; 당(唐)시인 錢起(전기)의 遠山鐘(원산종)에서

風途出山鐘(풍송출산종) 바람은 산 너머 종소리를 보내고
雲霞度水淺(운하도수천) 구름과 안개는 얕은 물을 건너니
欲尋聲盡處(욕심성진처) 종소리 머문 곳을 어디 메이런가

鳥滅寥天遠(조멸요천원) 새가 모습 감춘 하늘 저 끝이라네.
*교악(喬嶽); 높고 큰 산.
*유애(有愛); 현세. 이승. 끊임없이 변하여 그대로 머물지 않는 세계
*금강 자아(金剛自我); 금강석같이 단단한 자신의 마음.
*진여(眞如); 사물의 있는 그대로의 모습이라는 뜻으로, 우주 만유의 본체인 평등하고 차별이 없는 절대 진리를 이르는 말.
*물(物); 인간의 감각으로 느낄 수 있는 실재적 사물. 또는 느낄 수 없어도 그 존재를 사유할 수 있는 일체의 것.
*이팔(二八)·삼삼(三三); 산사의 종은 새벽은 28번 저녁은 33번 울린다.
- 산에서는 그리 우는 鐘들이 娑婆에서는 왜 울지 않는가? 그러기에 娑婆 아닌가?

묵향(墨香)

얽힌 인연(因緣)의 울에 넋인들 공허(空虛)하다
붙매임 턴 네 벗, 묵향(墨香) 이는 연지(硯池)가
말았든 설원(雪原) 펼치니 흑(黑) 꼬리 한 청학(靑鶴).

허공(虛空)을 안았다. 정좌(定座)한 바위 터
다짐한 뜻 몇 겁(劫)인, 타다 언 바람들
천만(千萬) 길, 낭 끄트머리 구부슴히 올연(兀然) 솔.

그은 총(驄)이 등 타고 태허(太虛)를 다다라
세찬 결 거슬러 가없이 가는 달
붓촉이 연 개벽(開闢)의 날, 그윽이 드러낸 매(梅).

*인연(因緣)의 울; 붓은 붓, 벼루는 벼루끼리 먹도 화선지도
이와 같으나 끼리에게는 의미가 없다.
*네 벗; 문방사우(文房四友). 붓·벼루·먹·화선지(문방구란 말이
여기서 나왔다).
*연지(硯池); 묵지(墨池). 연해(硯海). 벼루의 오목한 곳.
- 묵지(墨池) 이야기; 증공(曾鞏) 묵지기(墨池記)에 나오는 말로
절강성(浙江省) 적곡산(積穀山) 기슭에 있는 연못이다. 진(晉)의
왕희지(王羲之)가 영가현수(永嘉縣守)로 있을 때 이 연못가에서
글을 쓰고 붓과 벼루를 씻어 연못물이 까맣게 되었다.
*말았든 설원 펼치니; 화선지를 펴다.
*청학(靑鶴); 사람 얼굴에 새 부리를 하고 여덟 날개에 다리는

하나인 상상의 새. 이 새가 울면 천하가 태평하다. 푸른 도포 입은 예인(藝人)의 붓 놀음.

- 연지에 물결 일더니 한 마리 푸른 해오라기가 솟아올라 옥 판선지 뜰에 춤을 춘다. 솔 나무는 엇비슷한 산택(山澤-산과 내. 자연)에 자기 모습이 구부슴하나 올연하기 그지없다. 능선 을 내달려 하늘에 이른 달은 구름을 거슬러 지난 시간을 가며 자기 몸 흩뿌리고 매화는 일생 추우나 저 향기 그대로이다.

*총(驄); 총이말(갈기와 꼬리가 파르스름한 흰말) 총. 청총마 (靑驄馬)

*그은 총(驄); 그을린 듯이 얼룩이 진 말. 여기서는 으스름임 한 산 능선(稜線).

*붓촉이 연 개벽(開闢)의 날, 그윽한 자태(態姿) 매(梅); 붓을 들다. 퇴계(退溪) 이황(李滉) 선생이 일생 좌우명으로 삼았다는 신흠의 詩를 고등학교 1학년 때 부친(父親)이 주셔서 평생 품 어 왔다.

野言(야언) 申 欽(신흠)

桐千年老恒藏曲(동천년노항장곡) 오동은 천년이 흐르나 늘 가 락을 지니고

梅一生寒不賣香(매일생한불매향) 매화는 일생 추위에 떠나 저 향기 팔지 않나니

月到千虧餘本質(월도천휴여본질) 달은 일천 번 이지러질지나 본바탕 지키고

柳經百別又新枝(유경백별우신지) 버들은 일백 번 꺾임에도 새 가지 돋누나.

- 신흠(申欽: 1566~1628): 본관 평산(平山), 호(號) 상촌(象 村). 조선 중기의 문신으로 문과에 급제하여 예조판서, 좌의 정, 우의정, 영의정을 지냈다. 조선의 4대 문장가로 일컬어졌 다. 『상촌집』에 든 그의 시는 과연 선비의 올곧은 지조(志操) 와 기개(氣槪)가 여태 흐르고 있다.

휘휘한 버들가지를 거슬러 버들에 얽힌 이야기 하나 보자. 정
지상(鄭知常, ?~1135년 1월 10일)은 고려 중기 인종(仁宗) 때
의 천재 시인으로 초명 지원(之元), 호 남호(南湖)이다. 서경(西
京)에서 태어나 일찍 아버지를 여의고 홀어머니 슬하에서 자
랐으나 문재가 뛰어나 5세 때 강 위에 뜬 해오라기를 보고'何
人將白筆 乙字寫江波(그 누가 흰 붓으로 물위에 을(乙)자를 썼
나)'라는 시를 지었다. 역학(易學)과 불교 경전에도 뛰어났으며
글씨나 노장철학(老莊哲學)에도 깊었으나 묘청(妙淸), 윤언이
등과 함께 서경 천도와 칭제건원을 주장한 것을, 후일 묘청이
일으킨 반란(묘청의 난)의 가담자라는 이름으로 김부식에 의해
처형당했다.

　홍만종 『백운소설(白雲小說)』에는 정지상이 김부식과 어느 절
에 들렀다가 정지상이

琳宮梵語罷(림궁범어파) 절의 독경 읽는 소리 그치니
天色淨琉璃(천색정리유) 하늘빛이 유리알처럼 맑구나.

이 시구(詩句)를 김부식이 자신의 것으로 삼고 싶어 하자 지상
이 이를 거절했다. 그는 하찮은 문재(文才)에 문심(文心)이라고
는 구우일모(九牛一毛)도 없는 소인배(小人輩)인 탓으로 이 일
에 앙심을 품고 지상을 '묘청 역모 가담자'로 몰아 죽였다. 둘
의 악연에서 나온 이야기가 실린 『백운소설』에는 김부식이 어
느 봄날, 제 딴엔 시흥(詩興)이 겨웠는가 보다.

柳色千絲綠(유색천사록) 버들은 천 가닥 실(絲)로 푸르고
桃花萬點紅(도화만점홍) 복사꽃은 일만 점으로 붉다.

라고 짓자 정지상 혼백(魂魄)이 '버드나무가 천 갈래이고 복사
꽃이 만점인지 네가 세어봤느냐?'

柳色絲絲綠(류색사사록) 버들은 가지마다 푸르고
桃花點點紅(도화점점홍) 복사꽃은 점점이 붉다.

'그리 짓지 그러느냐?'라며 뒷간에 간 김부식의 불알을 비틀어

죽였다고 한다. 가(可)히 후시(後詩)가 전시(前詩)에 비해 그 탁월함이 견주는 자체가 모욕이다.

 필자가 싫어한 사가(史家) 중 진(晉)나라 진수(陳壽)의 『삼국지』는 정사(正史)이니, 우리가 즐겨 읽은 대하소설『삼국지』는 『삼국지연의』이다. 이 『삼국지연의』와 『수호전』과 『평요전』의 저자로 원(元)과 명(明)의 소설가 나관중과 김부식이다.

 손권이나 조조에 비해 그 인물됨이 현저히 미치지 못함에도 유비를 주인공인 양 한 것은 나관중 자신이 한족이었으며 김부식 역시 그가 신라의 피가 흐르기에 『삼국사기』에서 교활한 신라를 중심인 양했다. 불편한 심기를 느낀다면 필자에게도 삼국 중 가장 싫어한 나라 신라의 피가 흐른다.

 백제가 천하 통일을 이루었다면, 수도 사비성(泗沘省)은 부여가 아닌, 산동성(山東省)에 있었으니, 북방과 중원(黃河江 일대) 대륙과 한반도, 왜국(倭國)을 아우르는 해양제국(동서양 모두 바다의 지배자가 천하의 주인이었다)을 이루었을 것이나 만약(萬若)이 없는 歷史이니…. 분할뿐이다.

- 묵(墨)과 매(梅)에 관한 詩 두 수(首), 먼저 이곡(李穀), 그리고 孤山(고산)의 묵매(墨梅)를 보자.
晴窓寫出照潭姿(청창사출조담자) 연못에 비친 자태 맑은 창에서 그리려니
頃刻春風漲墨池(경각춘풍창묵지) 순간인 봄바람 묵지에 넘실대고
已分明妃愁畵面(이분명비수화면) 그림 속 명비의 수심 띤 자태
謫仙休怪玉顔緇(적선휴괴옥안치) 선인(仙人)의 괴이(怪異)하게 변한 고운 얼굴이야.
- 이곡(李穀); 자 중보(仲父) 호 가정(稼亭) 시호 문효(文孝), 고려 말기(1298년~1351년) 문인·정치가, 이색의 아버지, 원나라 과거에 급제, 고려왕 실록과 편년강목 편찬에 참여, 문집 가정집(稼亭

集)이 있다.
- 묵매(墨梅); 수묵(水墨)의 매화 그림. 꽃의 묘사법으로는 몰선묘법(沒線描法 - 윤곽선을 그리지 않고 먹이나 물감을 찍어서 한 붓에 그리는 법)과 먹 선으로 꽃잎이나 꽃술을 색으로 묘사하는 두 가지가 있다.
- 墨池; 연지(硯池). 연해(硯海). 벼루의 먹물이나 물이 고이도록 오목하게 팬 곳.
- 명비(明妃); 중국 4대 미인 중 한 여인으로 한 원제(漢元帝) 때의 왕소군(王昭君)이다. 원제는 화공(畵工)의 그림으로 궁녀를 뽑았는데 왕소군은 화공에게 뇌물을 주지 않아 추하게 그린 탓에 흉노의 호한야(呼韓邪) 선우(單于)에게 보내진 경국지색(傾國之色)의 미인이다. 화공은 목이 떨어졌다.
- 매화; 사군자(四君子 - 梅·蘭·菊·竹)의 하나, 혹은 세한삼우(歲寒三友), 송죽매(松竹梅). 겨울의 세 벗인 소나무(松), 대나무(竹)와 함께 예로부터 선비의 지조(志操)와 절개(節槪)를 뜻했다.
物理有堪當(물리유감당) 만물의 이치가 감상할 만, 하다나
捨梅聚墨梅(사매취묵매) 梅花는 버리고 梅畵를 취(取)하나니
含章知至味(함장지지미) 의미 깊은 표현은 지극한 멋도 있어
令色豈良材(령색기양재) 화려한 모양이 어찌 좋은 재목이리.
自晦追前哲(자매추전철) 자신을 감추는 옛 성현을 따라
同塵避俗猜(동진피속시) 세파에 휩쓸릴까 가히 피하고
回看桃與李(회간도여리) 돌이켜 복숭아와 자두를 보니
猶可作輿臺(유가작여대) 오히려 이가 시중든다네.
- 윤선도(尹善道); 본관 해남, 자 약이(約而), 호 고산(孤山)·해옹(海翁), 시호는 충헌(忠憲)으로 .조선 중·후기의 시인·문신·작가·정치인이자 음악가로 원체 출중한 인물이기에 지면을 줄이기가 쉽지 않았다. 그가 남긴 시조 75수는 국문학사상 시조의 최고봉이라 일컬어진다.
 그의 이야기가 나왔으니 梅는 아니나 오우가(五友歌)를 살펴

보자. 오우五友(다섯 벗)는 水(물) 石(돌) 松(소나무) 竹(대나무) 月(달)을 말한다.

내 버디 몃치나 흐니 水石과 松竹이라
동순東山에 돌 오르니, 긔 더옥 븐굽고야
두어라 이 다숫 밧긔, 또 더흐야 머엇흐리.

구룸빗치 조타 흐나 검기를 즈로 흔드
ᄇᆞ룸 소래 믉다 흐느 그칠 적이 흐 노매라
조코도 그츨 뉘 업기는 믈뿐인ᄀᆞ 흐노라

고즌 므스 일로 퓌며셔 쉬이 디ᄀᆞ
플은 어이 흐야 프르는 듯 누르느니
ᄋᆞᄆᆞ도 변티 아닐순 바회뿐인ᄀᆞ 흐노라

더우면 곳 피고 치우면 닙 디거놀
솔ᄋᆞ 너는 얻디 눈서리를 모르느드
九泉의 불희 고든 줄을 글로 흐야 ᄋᆞ노라

ᄂᆞ모도 ᄋᆞ닌 거시 플도 ᄋᆞ닌 거시
곳기는 뉘 시기며 속은 어이 뷔연는드
뎌러코 四時예 프르니 그를 됴하 흐노라

쟈근 거시 노피 떠셔 萬物을 드 비취니
밤듕의 光明이 너만흐니 또 잇느냐
보고도 믈 ᄋᆞ니 흐니 내 벋인ᄀᆞ 흐노라

 세종대왕께서 만드신 한글은 세계 2,900여 종의 언어 가운
데 유네스코에서 최고의 평가를 받은 우리 문화유산이다. 지

금 24자를 쓰고 있으나 28자를 만드셨다.

ㄱ,ㅋ,ㄷ,ㅌ,ㄴ,ㅂ,ㅍ,ㅁ,ㅈ,ㅊ,ㅅ,ㅎ,ㅇ,ㄹ,ㆆ,ㅿ,ㆁ ⇒17개

ㅡ,ㅣ,ㅗ,ㅏ,ㅜ,ㅓ,ㅛ,ㅑ,ㅠ,ㅕ,· ⇒11개

초성 17자: ㄱ,ㅋ,ㆁ / ㄷ,ㅌ,ㄴ / ㅂ,ㅍ,ㅁ / ㅅ,ㅈ,ㅊ / ㆆ,
ㅎ,ㅇ / ㄹ,ㅿ

중성 11자 : ·,ㅡ,ㅣ / ㅗ,ㅏ / ㅜ,ㅓ / ㅛ,ㅑ,ㅠ,ㅕ

　지금도 방언에서는 쓰고 있는 사라진 ·, ㅿ, ㆁ, ㆆ, 4글자
는 1940년 7월, 안동에서 훈민정음해례가 발견되기 이전, 훈
민정음에 대한 이해 부족으로 조선어학회에서 1933년 '한글
맞춤법 통일안'이라며 멍청하게 제외했기 때문이라는데, '·'
는'ㅏ'두 번 클릭하면 나타난다. 다른 자체(字體)처럼 여러 글
꼴과 바꿀 수 있는 기능이 있었으면, 늘 아쉽다.

차마 더 묻지 못하나니

버려져 아무렇든 열반(涅槃)에 든 가지
열화(烈火)의 구덩이 금 간 질 주전자
법열(法悅)에 이르게 하는 손끝의 잔(盞) 온기(溫氣).

차다. 이우는 달에 주체 못 한 산(山)기슭
도자(刀子)로 깎음에 투박한 잔(盞) 가득
결 일어 출렁거리는 지난날 잔영(殘影)들.

한(限)없이 그윽한 소흥주(紹興酒)의 향(香)내들
뜨거운 잔(盞)들에 녹아드는 언 시름
잔(盞)에 든 등화(燈火)는 사뭇 고요에 이르나니.

인연(因緣)은 오감을 멈추지 않을 건데
잃었으나 더 잃어가는 끝없는 상실(喪失)들
비우면 차오르나니, 애꿎게 젖는 잔(盞).

이 낯선 길목에 선, 범부(凡夫)나 영웅(英雄)이나
만고(萬古)의 수심(愁心)을 잔(盞)에 담아 보았건만
광음(光陰)을 마냥 잊어버린, 머리에 쌓인 눈.

애증(愛憎)의 파도(波濤)가 구천(九泉)을 넘기에
레테(Lethe)의 강(江)물을 열두 잔(盞)째 기울이니

하얗게 씻어져 가는 기억(記憶)의 찌꺼기.

잔(盞) 따라 흐르는 머나먼 저 대공(大空).
어제를 떠나서 내일을 여는 새들
내일을 마저 떠나니 무(無)에 찬 참 자유(自由).

사뭇 더 끓을지나 허공(虛空)을 붙듦이니
솔 나무 목지(木池)에 요동(搖動)하는 주향(酒香)이
취기(醉氣)에 더 젖어가는, 바람이 되어 뜬 잔(盞).

한 줌의 잿빛 티끌로 흩어지는 모닥불
만(萬) 잔(盞)의 월주(月酒)는 창백(蒼白)하기만 하고
채 못 든 삼백(三百) 잔(盞)임에 드러난 통 바다.

태허(太虛)는 풍운(風雲)이, 천하(天下)를 노니는 물
무형(無形)의 형(形)으로 무색(無色)의 색(色)으로
잔(盞)에 든 탐욕(貪慾)을 놓은, 무존재(無存在)의 유
존재(有存在).

한껏 든 잔(盞)임에 끝내 제 이울지나
홀로 이 가는 달, 천년(千年)의 외로움
숨어서 울기만 하는, 애달픈 부엉이.

추색(秋色)이 바래지니 다시 나설 머나먼 길

가을 나그네 울새 떼 아득함에 숨어 우나
차마 더 묻지 못하나니, 마지막 든 잔(盞)임에도.

*열반(涅槃); (불교) 모든 번뇌를 벗고 진리를 깨친 경지. 승려의 죽음. 자신을 태워 질흙 주전자를 데우는 잔가지들.
*버려져 아무렇든 열반(涅槃)에 든 가지; 중생(衆生).
*열화(烈火)의 구덩이; 모닥불. 사파(娑婆). 중생이 갖가지 고통을 견뎌야 하는 이 세상.
*법열(法悅); 참된 이치를 깨달았을 때 느끼는 기쁨.
*도자(刀子); 작은 칼. 몸에 지니거나 달고 다니던 짧고 작은 칼. 심마니들의 은어로, '칼' '식칼'을 이름.
*소흥주(紹兴酒); 뜨겁게 마시기도 하는 가장 역사가 긴 황주로 중국을 대표하는 술 중 하나이다.
*잔(盞)에 든 등화(燈火)는 사뭇 고요에 이르나니; 술잔에 비친 등불.
*인연(因緣); 서로의 연분(緣分). 어떤 사물에 관계되는 연줄. 내력. 이유. (불교) 인(因)과 연(緣). 곧, 결과를 만드는 직접적인 힘과 외적이고 간접적인 힘으로 모든 사물은 이 인연에 의해 생멸한다.
*잃었음에 더 잃어가는 끝없는 상실(喪失)들; 잃어버린 시간은 영원한 상실이다.
*만고(萬古)의 수심(愁心)을 잔(盞)에 담아 보았건만; 이백의 장진주(將進酒) 與爾同銷萬古愁에서.
*광음(光陰); 태어나고 죽음.
*머리에 쌓인 눈; 백발(白髮).
*열두 잔(盞); (불교) 십이 연기(十二緣起-인간의 열두 가지 괴로운 삶인 행(行), 식(識), 명색(名色), 육처(六處), 촉(觸), 수

(受), 애(愛), 취(取), 유(有), 생(生), 노사(老死)가 차례로,

*구천(九泉); 땅속 깊은 밑바닥이란 뜻으로, 죽은 뒤에 넋이 돌아가는 곳. 오래전 잊힌 기억.

*레테(Lethe)의 강(江); 레테 - (그리스 신화) 망각의 여신. 불화의 여신 에리스의 딸로 저승의 강 중 망각의 강이다.

 저승에 든 자는 누구나 이 강물을 마셔야 한다. 플레게톤(Phlégĕthon)에서 불로 정화된 영혼이 이 물을 마시면 이전 기억을 모두 잃게 된다. 뜨거운 소흥주(紹興酒)를 빗대었다.

- Phlégĕthon; 불이 흐르는 저승의 강(江)

*잔(盞)에 든 탐욕(貪慾)을 놓은; 탐은 집착(執著 무언가에 들러붙어서 떠나지 못함)으로 악욕(惡欲)들 가운데 하나. 욕은 욕구, 희망, 원함 따위로 불교 교학에서는 서로 다른 법이다.

 부파불교와 대승불교 모두의 교학에서, 욕은 선·악·무기의 3성에 통하나 탐은 악과 유부무기에만 통하므로 욕에는 선욕(善欲)도 있고, 악욕(惡欲: 악한 욕구)도 있으며 무기욕(無記欲-선하지도 악하지도 않은 욕구)도 있다. 그러나 탐은 선탐(善貪), 그러니까 선한 탐욕(선한 집착)은 존재하지 않는다.

*무존재(無存在)의 유 존재(有存在); 물이나 바람, 구름처럼, 나는 내가 아니나 나인, 있으나 없고 없으나 있는, 형체가 있으나 없고 색 또한, 있으나 없이, 그대로 있으므로 있다.

*어제를 떠나서 내일을 여는 새들 내일을 마저 떠나니 무(無)에 찬 참 자유(自由); 새들은 집착(執着)이 없기에 창공(蒼空)을 푸르게 나른다.

*사뭇 더 끓을지나 허공(虛空)을 붙듦이니; 주전자는 세 개의 발에 매달려 있다. 사람도 가슴은 끓어오르나 다만, 허공을 붙들고 있을 뿐이다.

*목지(木池); 나뭇잔(盞).

*월주(月酒); 달이 마시는 술이라는 뜻.

*삼백(三百) 잔(盞); 이백의 장진주(將進酒) 會須一飮三百杯를

훔치다.

君不見(군불견) 그대여 못 보았는가.

黃河之水天上來(황하지수천상래) 황하 물은 하늘에서 흘러

奔流到海不復廻(분류도해불부회) 급히 흘러 바다로 가나 다시 돌아오지 못하는 것을

又不見(우불견) 또한, 못 보았는가.

高明鏡悲白髮(고당명경비백발) 높은 집에서 거울에 비친 백발의 슬픔을

朝如靑絲暮如雪(조여청사모여설) 아침에 푸른 실 같다가 저녁에는 센 머리를

人生得意須盡歡(인생득의수진환) 인생은 뜻이 있을 때 즐거움을 두나니

莫使金樽空對月(막사금준공대월) 금잔에 괜스레 달빛만 채우지 말 그니

天生我材必有用(천생아재필유용) 하늘이 내게 준 재능은 쓰일 날 있음일지니

千金散盡還復來(천금산진환부래) 재물이야 다 쓴들 다시 돌아올 것임을

烹羊宰牛且爲樂(팽양재우차위락) 삶은 양고기에 저민 쇠고기로 즐거움을 더하고

會須一飮三百杯(회수일음삼백배) 술을 마시려면 적어도 삼백 잔은 마셔야지

岑夫子 , 丹丘生(잠부자 , 단구생) 잠부자여 단구생이여

將進酒 , 君莫停(장진주 , 군막정) 권하노니 쉬지 말고 마셔보게.

與君歌一曲(여군가일곡) 내 그대들을 위해 소리 한 곡하리니

請君爲我側耳聽(청군위아측이청) 아무튼 내 소리를 들어주게나.

鍾鼎玉帛不足貴(종정옥백부족귀) 보배나 부귀가 어이 그리 귀하겠는가.

但願長醉不願醒(단원장취불원성) 그저 깨지 않고 취해 있을 뿐

이니

古來賢達皆寂莫(고래현달개적막) 지난날 현자나 달인은 모두 적막하였고

惟有飮者留其名(유유음자유기명) 오직, 잘 마시는 자만이 이름을 남겼지

陳王昔日宴平樂(진왕석일연평락) 진왕은 평락에 연회를 베풀어

斗酒十千恣歡謔(두주십천자환학) 술 한 말을 만금에 사서 마음껏 즐겼지

主人何爲言少錢(주인하위언소전) 주인인 내가 어찌 돈이 적다 말하리.

且須沽酒對君酌(차수고주대군작) 이내 술을 사 그대들과 주고받으리.

五花馬, 千金구(오화마, 천금구) 오색 마와 천금의 모피 옷을

呼兒將出換美酒(호아장출환미주) 아이에게 좋은 술과 바꾸어오게 하여

與爾同銷萬古愁(여이동소만고수) 그대들과 더불어 마시며 만고의 시름을 녹이리.

*울새; 참새목 딱샛과에 속하며 시베리아 남부나 우수리, 사할린, 중국 중동부에서 번식하고, 중국 남부나 베트남, 태국에서 월동하며 봄, 가을 한국의 산림에서 어두운 곳을 좋아하는 데다가 재빠르고 숨는 재주가 뛰어나 보기는 쉽지 않으나 울음은 들을 수 있는 가을 나그네새이다. 울음소리가 슬퍼서 생긴 이름이라는 말이 있으며 울새가 나무 꼭대기에서 크게 울면 폭풍우가 몰려온다고 한다. 동화 「비밀의 화원」에는 주인공 메리의 친구로 나온다.

- 비밀의 화원(The Secret Garden); 1909년 영국 출신 미국 작가 프랜시스 버넷의 동화. 인도에서 살던 영국 소녀 메리 레녹스는 부모의 죽음으로 영국 요크셔 고모부 댁에서 살

게 된다. 메리는 고모의 죽음으로 버려둔 화원을 정원사 벤 할아버지와 친구 디콘의 도움으로 아름답게 가꾼다. 이로 아들 콜린의 병약함과 부인의 사별로 절망한 고모부와 집안이 다시 행복을 찾는다. 요크셔의 아름다운 자연과 주민들의 순수함과 디콘이 다람쥐와 놀 정도로 자연을 사랑하는 순수한 모습 등이 뛰어나다.

5부

●

대공(大空)의 야생화(野生花)

5부

대공(大空)의 야생화(野生花)

1) 가슴에 태양(太陽)이
2) 갈피에 핀 들꽃
3) 달 갈이 하는 달
4) 아프로디테 화살
5) 커피 한 잔(盞)에 내리는 뜬 시름
6) 동중정(動中靜)
7) 나무는 태양(太陽)에 그을지 않는다.
8) 포플러
9) 목련(木蓮)
10) 대공(大空)의 야생화(野生花)

가슴에 태양(太陽)이

색(色) 바랜 깁 커튼 늦갈이하는 하늘
어수선함에 홀로 이 고요에 든 가로수(街路樹)
회색(灰色)빛 구름은 온통 침울(沈鬱)로 물들인다.

돌아갈 수 없는 먼 들, 설핏하게 펴낸 춤
넋인들 토(吐)했건만, 철새는 떠나고
바람에 노로 묻었다. 마지막 잎조차.

고르디아스 매듭에 얽매인 시각(時刻)들
알렉산더 당파 술(鐺鈀術)에 일순간(一瞬間) 터질지나
잔(盞) 들어 채 털지 못한, 들붙은 보푸라기.
줄광대 마을버스 마지막 줄 놀음
솟대 뒤 원룸텔 십 년간(十年間) 낯선 둥지
아득한 날 잃어버린, 은하(銀河)에 별마저.

푸른 햇살 가득한 자단 목(紫檀木) 흔들의자
비릿한 몸뚱이가 마구 씰룩거리니
뜬 넋이 시계추(時計錘)가 된다. 낡삭아 곧 멎을.
일탈(逸脫)과 억제(抑制)가 일상(日常)인 한 울에
곁가지 한 봄 꿈, 몽환적(夢幻的)이 된 나날
기회(機會)와 균등(均等)이라나, 꼴 바꾼 페르소나.
본능(本能)과 갈망(渴望)은 절제화(節制化)로 꾸미고

윤리적 실존(倫理的實存)에 묻은 리플리 증후군(症候群)
영겁(永劫)을 이를 수 없는, 가슴에 태양(太陽)이.

*깁; 명주실로 바탕을 조금 거칠게 짠 비단.
*깁 커튼; 가을.
*색(色) 바랜 깁 커튼 늦갈이하는 하늘; 초가을에서 늦가을로
들어서다.
*설핏하다; 사이가 촘촘하지 않고 듬성듬성하다. 해의 밝은 빛
이 약하다. 잠깐 나타나거나 떠오르는 듯하다. 풋잠이나 얕은
잠에 빠진 듯하다.
*노로; (북한어) 담거나 묶지 않고 흩어져 있는 채로 그냥.
*고르디아스 매듭(Gordian Knot); BC 800년 전 고대 국가
프리기아의 고르디아스 전차에는 매우 복잡한 매듭이 달려있
었는데 매듭에는 '이 매듭을 푸는 자가 아시아의 제왕이 되리
라'는 설화가 있었다. 수많은 영웅이 도전했으나 실패한 이
매듭을 지나가던 알렉산더(Alexander)가 단칼로 끊어버렸다
고 한다. 꾸며진 이야기지만, 오늘날'대담한 방법을 써야만 풀
수 있는 문제'라는 뜻으로 쓰이고 있다. 하루가 마치 고르디
아스 매듭 같이 뒤얽혀도 시간이 오면 끝난다. 한 잔의 술로
일과(日課)의 보풀을 채 털어내지 못할 지라도.
*당파(鐺鈀); 끝이 세 갈래로 갈라진 창. 벽시계 바늘.
*줄광대; 외줄 타기를 하는 어릿광대. 마을버스.
*솟대; 솟대쟁이가 올라가 재주 부리는 장대. 마을버스 종점.
*몽환적(夢幻的); 현실이 아닌 꿈이나 환상 같은. 그런 것.
*페르소나(persona); (라틴어) 연극배우가 쓰는 탈. 철학적으
로는 이성적인 본성(本性)을 가진 개별적 존재자로 인간이나
천사·신 등을 뜻한다.

*본능(本能); 인간이나 동물의 행동이 태어날 때부터 몸에 지니고 있는 성질.

*갈망(渴望); 자신이 바라는 어떠한 상황이 벌어질 것이라는 기대나 예측.

*윤리적 실존(倫理的實存); 철학자 키르케고르(Kierkegaard)가 주장한 미적 실존(美的實存)과 종교적 실존(宗敎的實存)의 중간에 위치하는 실존으로 윤리적 규범에 따라 사는 삶이다. 인간이 최소한 자각하는 실존인 미적 실존이 점차 내면화되면, 윤리가 중심을 이루는 윤리적 실존 단계에 도달하게 된다.

*미적 실존(美的實存); 키르케고르의 철학에서, 인간 실존의 첫 단계를 나타내는 용어. 미와 향락을 추구하고 제 뜻대로 즐기며 인간이 직접적으로, 있는 그대로 사는 삶이다.

*종교적 실존(宗敎的實存); 키르케고르 철학에서, 실존의 최고 단계. 모든 유한한 것을 단념하고 신앙으로써 신 앞에 나아가는 삶을 이른다.

- 태양은 가득히(Plein Soleil, Purple Noon); 1960년 미국의 여류 작가 하이스미스의 범죄 소설 『The Talented Mr. Reply』를 원작으로 '알랭 드롱'이 세계적 스타가 되게 한, 인간 내면에 잠재된 모방 본능과 부(富)에의 갈망, 탐욕을 그린 영화이다.

 '톰 리플리(알랭 드롱 분)'는 필립의 아버지에게 필립을 미국으로 데려오면 당시 거금인 5천 달러를 준다는 제안을 받고 필립을 데리러 온다. 그러나 돈의 힘과 자신이 보는 앞에서 여자 친구와 섹스까지 하는, 무시와 모욕을 당하자 억누른 분노와 모방 본능이 깨어나 그를 죽이고 그로 가장한다. 눈치챈 친구 프레디도 죽이고 필립 짓인 양 꾸미고는 필립의 부와 여자까지 빼앗아 순간이나마 꿈을 누린다. 영화의 끝 장면, 핍립의 시체가 요트와 함께 올라오므로 그의 완전범죄가 햇빛에 드러나 그를 체포하러 수사관들이 온다. 서리게 아름다운 해변에서 태어나 처음 받는 최고 대우, 그러나 마지막 대우…. 오래전 가슴 아리게 본 그 영화 주제가를 듣는 순간, 이 시상(詩想)이 떠올랐다.

- 리플리 증후군(Ripley Syndrome); 자신의 현실 세계를 부정하고 존재하지 않는 허구의 세계를 자신의 실제 세계로 믿고 상습적으로 거짓된 말과 행동을 반복하는 반사회적 인격장애를 뜻하는 용어이다. 하이스미스의 『재능 있는 리플리 씨(1955)』에서 처음 사용했다. '리플리 증후군'은 단순한 거짓말이 아니라 타인에게 해를 끼치는 것으로 심리학적으로는 '인지 부조화'이다.

 현실에서도 간혹 이들이 등장한다. 예전 러시아 황실 마지막 공주, 가짜 아나스타샤 니콜라예브나(Patricia High smith) 등이 모방 욕망에서 파생된 '인지 부조화'로 말미암는 '리플리 증후군(Ripley Syndrome)'이다.

2014년 SBS의 「그것이 알고 싶다」에서 방영한 X란 인물도 2008년부터 6년 동안 48개의 유명 대학교를 전전하며 학생 행세를 했다.

그런가 하면 여고생 K 양, 하버드와 스탠퍼드에 동시 합격으로 두 대학을 2년간 다녀 원하는 학교에서 졸업할 수 있다는 그녀의 말은 거짓이었다.

2007년 한 여성 큐레이터가 동국대 교수 임용, 광주 비엔날레 총감독 선임 과정에서 예일 대학교 박사학위가 거짓임이 드러났음에도 그녀는 계속 사실임을 주장했다.

영국의 일간지 「인디펜던트」지는 이를 '재능 있는 신 씨(The Talented Ms. Shin)'로 표현함으로 이 낯선 용어가 알려지게 되었다.

"너희 중에 죄 없는 자가 돌을 던져라!"
이 준엄한 예수의 꾸짖음이 아닐지라도 난, 그 누구에게 돌을 던질 수 없다. 내게도 '리플리 증후군'이 내재하여 꿈틀거리고 있으니. 다만, 도덕과 종교, 교육과 주변의 시선으로 절제화의 탈(페르소나 persona)을 쓰고 있을 뿐. 이제는 돌아갈 수 없는 지평선 넓은 고향의 들이 그리워 마지막 잎을 바람에 노로 묻으며 슬픈 춤을 설핏하게 추는 가로수들처럼 오늘도 나는 내게 고백한다. 여전히.
"영겁을 이르지 못할지언정, 꿈을 꾸리라! 내 가슴에도 태양이 떠오르는…."

갈피에 핀 들꽃

걷잡지 못했다. 그대와의 갈피에서
풍금(風琴)의 우짖음에 떠도는 분홍(雰虹) 꿈
헤쳐져 부르터나는
내밀(內密)한 평장(平葬) 터.

돌아오지 않는 찬 강(江) 역수(易水)의 갈피인
어제와 내일의 꿈이 혹여(或如) 이룰까
네 잎 난 클로버 찾아,
사월 천(四月天) 햇살 아래.

하늘 노릇하기가 애탄다. 하고서
예나 지금일지나 추구(芻狗)일 뿐인 어짊
져 가는 채 남은 갈피,
피워낼 들꽃 송이.

*풍금(風琴); 풍금(風禽 - 바람)의 해음자(諧音字). (쪽을 넘길
때 이는 작은 바람의 뜻도 함유함)
*분홍(雰虹); 무지개(안개 雰. 무지개 虹).
*부르터나다; 묻혔던 일이 드러나다.
*내밀(內密); 어떤 일이 겉으로 드러나지 아니함.
*평장(平葬); 평토장(平土葬 - 봉분을 만들지 않고 평평하게 매
장함). 흔히, 암장(暗葬)으로 함. 여기서는 책갈피로 그 속에의

꽃잎이나 나뭇잎은 나만의 암장이었다.

*돌아오지 않는 찬 강(江) 역수(易水)의 갈피; 역수(易水)의 슬픈 협객 형가(荊軻)를 노래하며….

易水歌(역수가). 역수(易水) 강(江)가의 노래. 협객(俠客) 형가(荊軻).

風蕭蕭兮易水寒(풍소소혜역수한) 가을바람 소슬하고 역수 물은 차구나

壯士一去兮不復還(장사일거혜불부환) 장사 한 번 떠나니 돌아오지 못하리.

探虎穴兮入蛟宮(탐호혈혜입교궁) 범굴이 어디뇨 진 왕 궁을 드누나.

仰天噓氣兮成白虹(앙천허기혜성백홍) 하늘 우러러 외치니 흰 무지개 드리우네.

자객(刺客)으로 진왕(진시황)을 암살하러 돌아오지 못하는 길을 가는 형가(荊軻)를 전송하는 연(燕)의 태자 단(丹), 진 왕의 마음을 얻으려 연의 비옥한 땅 독항의 지도와 망명 중, 형가의 계획을 듣고 주저 없이 자기 목을 스스로 벤, 번어기의 머리를 가지고 떠난다.

번어기는 젊은 진 왕 정(政)의 뜻을 간파하고는 집으로 가지 않고 모습은 바보 같으나 지략가인 증걸(曾乞)을 찾는 순간 가족들이 모두 붙잡혀 가자 비통함을 안고 연으로 망명해 칼을 갈고 있었다.

역수에서 이별주를 들고, 형가는 가슴에 비수를 품고 한 손에는 독항의 지도를, 한 손에는 번어기의 목을 들고 고점리(高漸離)가 타는 축(筑)에 맞춰 춤을 추며 읊었다. 비장하기 그지없는 장면이다.

최후의 갈피에서 이들 협객(俠客)은 어떤 생각을 했을까? 떠돌이 무사인 그는 촌철(寸鐵) 살(殺)을 익히지는 못했기에 끝

내 돌아오지 못했으나 과연 호웅(豪雄 - 호걸과 영웅)의 풍모
(風貌)로 易水의 갈피에서 들꽃으로 피어 스스로 져 갔다. 예
양이 그랬든가 '士爲知己者死 女爲悅己者容(선비는 자신을 알아
주는 이를 위해 목숨을 걸고, 여인은 자신을 기쁘게 해주는
남자를 위해 화장을 한다.'라고.

 고등학교 1학년 여름 방학 때 이들 협객(俠客)을 만났다. 그
리고 그들을 평생 흠모했다. 그들 생은 자기 스스로도 행복하
고 멋졌다. 뜻을 이루진 못했으나. 뜻을 만났고, 자신을 알아
주는 이를 만났으니….

 사마천은 『자객 열전』에서 다섯 들꽃, 예양·조말(曹沫)·전제(專
諸)·섭정(聶政)과 가장 긴 노래로 형가(荊軻)를 읊었다.
형가를 모티브로 2002년 장예모 감독의 영화, 형가 역을 맡
은 이연걸(극 중 자객 무명 역), 양조위, 장만옥, 견자단, 장쯔
이, 진도명 등이 출연한 '영웅'이다. 천하통일이 천하태평을
위함인, 자기 뜻을 누구보다 이해하고 있기에 자객을 살려 보
내려는 진 왕, 살아갈 수 있음에도 빗발치는 화살로 최후를
맞는 무명, 국장(國葬)을 치러 줌으로 자객을 영웅이 되게 한
진 왕. 모두 영웅의 풍모들이다.

*하늘 노릇하기가 애탄다. 하고서; 난화이진(南懷瑾)의 四月天
(사월천) 사월의 하늘.
做天難做四月天(주천난주사월천) 하늘인들 하늘 노릇 어려움은
사월 하늘이리오.
蠶要溫和麥要寒(잠요온화맥요한) 누에는 따뜻하고 싶으나 보리
는 춥기를 바라니
出門望晴農望雨(출문망청농망우) 나그네는 맑기를 바랄지나 농
부는 비를 기다리고

採桑娘子望陰天(채상낭자망음천) 뽕잎 따는 아낙은 흐린 날을 바람이니.

- 난화이진(남회근南懷瑾); 저장성(浙江省) 온주(溫州) 출신으로 유(儒)·불(佛)·도(道)와 문(文)·사(史)·철(哲) 그리고 무술(武術)도 뛰어난 석학(碩學)으로 기실 문무(文武)의 대가(大家)로 국민당 장개석의 국사(國師)였으나 중국 공산당(共産黨) 장쩌민도 크게 존경했다.

 이 작품은 난화이진의 저술 30여 종 중 『논어별재(論語別裁)』에 실은 것으로 중국 농민들이 불렀던 옛 농요(農謠)를 가다듬어 쓴 시로 기구(起句)를 제외하고 기승전결(起句承轉結)의 명확한 구분이 없는 것이 특징이다. 기구(起句)는 하늘은 제할 일을 할 뿐인데, 사람이 저마다 바라는 바가 달라서 '하늘 노릇하기 참 어렵다'는 뜻으로 '인간의 욕심'을 탓하고 있다.

*추구(芻狗); 옛 중국, 풀이나 짚으로 만든 개(芻 - 꼴 추). 제사 때 귀히 쓰고 나면 하찮게 버린다.

天地不仁 以萬物而爲芻狗 聖人不仁 以百姓爲芻狗 天地之間 其猶橐籥與 虛而不屈 動而愈出 多聞數窮 不若守於中. (老子 - 道德經 五 章)

- 天地不仁 萬物爲芻狗 聖人不仁 以百姓爲芻狗(천지불인 만물위추구 성인불인 이백성위추구); 천지는 어짊이 없어 만물을 하찮은 짚 강아지로 취급하고, 성인도 어질지 않아 백성을 미천한 짚 강아지로 취급한다(이것이었다. 하늘은 늘 선하고 의롭다는 생각, 하늘은 천하 만물을 어짊이 아닌, 자신이 세운 질서대로 움직인다. 성인도 그러하거늘 하물며 대인인 척하는 그저 먼저 앉은 자리일 뿐인 소인배임에도 의를 기대했으니, 이놈의 인생 이를 수밖에…).

- 天地之間 其猶橐籥與 虛而不屈 動而愈出(천지지간 기유탁약여 허이불굴 동이유출) 하늘과 땅 사이는 풀무와 피리 같아 비어있으나 다함이 없어 움직이면 더욱 내 뿜는다.

- 槖籥(탁약); 풀무와 피리. 앞선 학자들이 풀무로 보는 것 같다. 지적 유희 하나, 槖은 주로 전대 뜻으로 많이 쓴다. 예) 行槖(행탁)-여행용 전대나 자루. 피리 籥.
- **多聞(言)數窮 不若守於中**(다문(언)수궁 불약수어중); 많이 말하면 이내 궁해지니 마음 비움을 지키는 것이 나으리라.
- '다문(多聞)'인지 '다언(多言)'인지 여러 설(說)을 봤지만, 많이 말하지(多言) 않고 많이 듣는데 왜 빨리 궁해지는지, 학문이 짧고 아둔함이 서글플 뿐이다. 多言으로 보았다.
- 히브리 선지자 이사야(40: 6~7)도 '모든 육체는 풀이요, 육체의 모든 아름다움은 들의 꽃과 같으니 풀은 마르고 꽃이 시듦은 여호와의 기운이 그 위에 붊이라'라 외쳤다.
*져 가는 채 남은 갈피에 피워낼 들꽃 송이; 인연(因緣)의 갈피, 어제와 내일의 갈피, 꿈과 현실의 갈피, 나와 나의 갈피에 끼었을지라도 한 송이 들꽃으로 피어나리라는 초월의식(超越意識 - 철학적으로 감각·인식·경험의 범위 밖에 존재하려는).

'어리석었다. 살아온 삶보다 이르지 못한 마음이…. 이렇게 더 살 줄 알았더라면 그때 바로 시작하는 건데…. 62세로 은퇴한 후 이제 무엇을 할 수 있으랴 했다.'라며 '그리스로 여행가서 초대 기독교 자취를 살펴볼 거야.'라며 고대 그리스어(死語)를 공부하면서 거리에서 전도지를 나누어주고 있는 시카고의 그 노인은 92세를 넘고 있었다.

누구나 책이나 노트의 갈피에 봉숭아·코스모스 꽃잎이나 네 잎 클로버·은행잎·단풍잎 등을 넣어 본 경험이 있을 것입니다. 저는 벌이나 나비, 또한 개미를 넣은 적도 있었습니다. 당연히 실패했습니다. 갈피에는 식물이나 식물의 잎을 넣어야 한다는 것을 해보고서야 알았습니다.
어른이 되어서 오래된 책을 정리하던 중`갈피에 넣어둔 이것들을 발견하고는 잠시 회상에 잠겼는데 그때 스쳐 가는 한 생각이, 마치 내 영혼을 사로잡는 듯했습니다. '내 삶의 갈피에는 무엇이 들어있을까?'이었습니다. 그 생각에 몰입되었으며 참 오랫동안 그 몰입에서 벗어나질 못했습니다.

　곰곰이 살펴보니 신념이라는, 거짓과 위선의, 언제 어떻게 들어왔는지 허망한 것들로 가득 차 있음을 발견했습니다. 이제 이것들을 바람에 털어버려야겠습니다. 시간이 흘렀음이 오히려 다행입니다. 깡말랐으니 조그마한 마음으로도 쉽게 부수어 털 수 있었기에….

　지금 나는 이를 계속 움켜잡고 있을 수도, 놓을 수도 있는 그 갈피에 있습니다. 그리고 놓아야 한다는 것도 놓으면 참을, 참 자유를 얻는다는 것도 알고 있습니다. 그러면서 늘 갈피에서 머뭇거림으로 번뇌에 사로 잡혀있습니다.

　갈피가 겨워 참 많이 슬퍼했습니다. 어제와 내일의 갈피, 너와 나의 갈피, 꿈과 지금의 갈피, 나와 나의 갈피, 찰나이나 영겁인 갈피. 그만 슬퍼해야겠습니다. 그 갈피의 들꽃으로 피어나게….

달 갈이 하는 달

봄빛이라야, 이내 시들, 이 한낱 인 것을
인연(因緣)으로 맞닥뜨린 곁과 곁 일진데
무성(茂盛)한,
그제를 보낸,
소나기 한 일진(日辰).

한갓 으스름임에 타는 노을 꺼트리니
사위에 묻으려는 한뉘 내 탄 불씨
시각(時刻)과
시각(時刻) 사이는
찰나(刹那)라나, 한 겁(劫)인.

타는 애를 단풍(丹楓)으로 노래하는 가을 나무
객창(客窓) 든 바람에 사시나무 떠는 매화(梅畵)
하 설은
기러기 떼는,
밤 예어 우나니.

차다가 이울더니, 달 갈이 하는 달
채 시든 잎 대에 아득한, 이슬 겹다.
햇귀가
머리 푼 날 연,

자줏빛(紫朱) 망울들.

*봄빛이라야, 이내 시들, 이 한낱 인 것을; 황현(黃玹)의 村居暮春 중 轉眼春光次弟凋을 가져왔다.

村居暮春(촌거모춘-봄 저무는 시골에서) 黃玹(황현)

桃紅李白已辭條(도홍이백이사조) 복사꽃 자두꽃은 이미 지고,

轉眼春光次弟凋(전안춘광차제조) 한낱 봄빛 날로 더 시들더니

好是西畤連夜雨(호시서첨연야우) 좋도다. 서쪽 처마 지난밤 비

青青一本出芭蕉(청청일본출파초) 푸르게 솟은 한줄기 파초.

- 황현(黃玹); 자 운경(雲卿), 호 매천(梅泉), 한말(1855~1910) 시인이자 학자이다. 성균관 생원 때 민 씨 정권의 무능과 부패에 환멸을 느껴 관료의 꿈을 버리고 귀향하여 시작(詩作)에 전념했다.

1910년 일본에 국권마저 빼앗기자 망국의 울분을 품고 절명시(絶命詩) 4수를 남기고 자결하였다.

1962년 건국훈장 독립장이 추서되었다. 『매천야록(梅泉野錄)』 『매천집』 『매천시집』 『오하기문』 『동비기략(東匪紀略)』 등의 저서를 남겼다.

*인연(因緣)으로 맞닥뜨린 곁과 곁 일진데; 인연(因緣) 속에 고독(孤獨).

*客窓(객창); 나그네가 거처(居處)하는 방(房). 자기 집이라나 객창일 뿐이다.

*일진(日辰); 날의 육십갑자. 그날의 운세.

- 육십갑자(六十甲子); 천간(天干)의 갑(甲)·을(乙)·병(丙)·정(丁)·무(戊)·기(己)·경(庚)·신(辛)·임(壬)·계(癸)에, 지지(地支)의 자(子)·축(丑)·인(寅)·묘(卯)·진(辰)·사(巳)·오(午)·미(未)·신(申)·유(西)·술(戌)·해(亥)를 순차로 배합하여 예순 가지로 늘어놓은 것.

*객창(客窓) 든 소슬바람에 온몸을 떠는 매화(梅畵); 객창으로 든 찬바람에 매화도(梅畵圖)의 매화 잎이 지는 듯, 몸을 떠니, 기러기도 그리 서러운가 보다.

*사위; 부정한 일이 생길까 완곡하게 부름, 천연두에 최상의 존칭어인 '마마'로 불러 노여움을 풀려 했다. (속담) 마마 그릇되듯-불길한 징조가 보이다).

*달 갈이; 이울다가 다시 이는 달.

*이슬 겹다; (순우리말) 이슬이 차서 싫은 느낌이 있다. 지난날의 아픔.

*잎 대; 잎몸을 줄기나 가지에 붙게 하는 꼭지 부분. 잎꼭지. 잎자루.

*시든 잎 대; 늙어 주름진 몸.

*햇귀; 해가 처음 솟을 때의 빛. 사방으로 뻗친 햇살.

*햇귀가 머리 푼 날; 가을. 인생 말년.

*자줏빛(紫朱) 망울들; 저승꽃(검버섯)을 승화하다.

아프로디테 화살

구름 아득히 진 곳, 늘 하늘 닿은 터
햇물이 둘러싼 저 산정(山頂) 샹그릴라
엇디딤
없는 삶이건만,
기슭도 못 디딘.

시(時) 없이 옥지른 또 한날 갓밝이
할아비 갓 저고리, 연(連)이어 이어갈
삶을 더
잇대게 하는
눅눅한 가죽옷.

염원(念願)을 품었다. 피그말리온 꿈을
억겁(億劫)의 동인들, 순간(瞬間)에 가르고
날아온
아프로디테
무지개 꿈 화살.

*햇물; '햇무리'의 준말.
*피그말리온(Pyg·ma·lion); 그리스신화에 나오는 자기가 만든
대리석 조각 여인상(像)을 사랑한 키프로스의 왕. 당대 가장

뛰어난 대리석 조각가이기도 함.

*피그말리온 꿈; 자신의 꿈이 누군가, 혹은 무엇인가의 도움으로 이루어지는 것.

　영화의 소재를 찾지 못해 고심하던 감독 조지 쿠커는 지인이 준, 영국 극작가 버나드 쇼가 이 신화를 현대적으로 해석하여 1913년에 발표한 희곡 피그말리온을 열차 여행 중에 읽고 한 영화를 제작한다. 이 영화가 1964년 세계적인 성공을 이룬 '마이 페어 레이디(My Fair Lady, 1964)'이다.

　언어학자인 헨리 히긴스 교수(렉스 해리슨 분)는 그의 친구인 피커링 대령(윌프리　드 하이드 - 화이트 분)과 거리에서 방황하는 하층 계급의 여인일지라도 정해진 기간 안에 그녀를 우아하고 세련된 귀부인으로 만들 수 있다·없다는 문제를 두고 내기를 하게 된다. 내기의 실험 대상으로 빈민가 출신으로 꽃을 파는 천한 여인 일라이자 토리틀(오드리 헵번 분)을 선택한다.

　그녀는 이 교육을 하나의 고문으로 생각하면서도 그녀 역시 상류층이 되겠다는 꿈으로 혹독한 개인 교습을 받아들이게 된다. 마침내 히긴스 교수가 원하는 '스페인에서 비는 평야에만 내린다(The Rain-In Spain-Stays-Mainly In The Plain).' 라는 문장을 완벽하게 구사하여 여왕의 파티에 화려하게 등장해 사교계의 귀부인으로 인정받으며 천시 살아온 자신은 꿈에도 이루기 어려운 상류층 세계 남자(히긴스)의 사랑까지 얻게 되어, 꿈을 이루게 된다. 현실의 오드리 헵번 역시 이 영화로 세계적인 스타가 된다.

*피그말리온(Pygmalion); 그리스신화에 나오는 키프로스의 왕으로 심한 여성 혐오증이 있었다.

키프로스 섬의 여인들은 섬에 온 나그네를 박대하였다가 아프로디테(Aphrodite)의 저주를 받아 나그네에게 몸을 팔게 되었다. 이 때문에 피그말리온은 여성에 대해 좋지 않은 감정을 갖게 되어 결혼할 마음이 들지 않았다. 대신 지상의 헤파이스 토스(Hēphaistos - 제우스와 헤라의 맏아들로 대장장이·조각 가·야금·불의 신. 아내는 사랑과 미의 여신 아프로디테와 전쟁 의 여신 아테나, 다른 신들과 다르게 자신의 노력으로 성장한 노력 신으로 알려져 있다. 제우스는 헤라와 많은 부인과 자녀 들을 두었는데 기이하게도 본처 헤라와 사이에 태어난 아이들 은 서자들과 비교하면 떨어졌다. 숭배 근원지인 에게해 북부 의 렘노스 섬·카리아·리키아·시칠리아 섬·리파리 제도·카파니아 지방 등 화산 지대와 아테네에서는 제조·산업 종사자들에게 숭배받았는데, 헤파이스토스 동생 아레스는 미남이었지만 신 으로서 자질이 부족했고 피그말리온은 뛰어난 손재주를 갖고 있었으나 못생긴 외모에 장애자였다)라고 불릴 정도로 뛰어난 자신의 조각 솜씨로 온 힘을 기울여 상아로 완벽한 여인상을 조각했다. 실물 크기의 이 조각상은 자신의 이상적인 여인의 모습인 데다 세상의 어떤 여인보다도 아름다웠기에 그는 이 여인에 아키스(Acis)를 사랑한 바다의 님프 이름을 따 갈라테 이아(Galatea)라 이름하고는 마치 실제 인간 여인인 양 사랑 하였는데, 아프로디테 축제일에 피그말리온은 이 조각 여인에 뜨겁게 키스하자 감동한 아프로디테는 그 조각 여인에게 생명 을 불어넣어 실제 사람으로 환생케 했다. 피그말리온은 아프 로디테 참석 하에 갈라테이아와 결혼, 엄마를 쏙 빼닮은 예쁜 딸의 이름을 그의 고향인 파포스(Paphos)라 불렀다.

  심리학 용어로 '피그말리온 효과'란 피그말리온의 꿈인 여인 상이 생명을 얻은 것이나 영화 속의 '일라이자 토리틀'같이 한 사람의 간절한 꿈이 누군가의 도움으로 성취되는 것을 뜻 한다. 지금 이 용어는 심리학·교육학·정치·경제 등 다양한 분 야에 사용되고 있다. 예로, 나라 경제가 어려워도 정치 지도 자들이(여·야 없이) '경제가 회복되고 있다. 이대로 회복될 것이다'며 국민에게 희망을 주면 소비가 증대되고 생산이나 따라서 일자리도 늘어 실제 경제가 좋아지는 것 등이다. 우리나라에서는 절대로 이루어지지 않을 꿈이지만.

*샹그릴라(Shangri-la); 제임스 힐턴의 소설 '잃어버린 지평선(Lost Horizon, 1933)'에 나오는 마을. 외부와 단절된 곤륜(崑崙)산맥 서쪽 끝 계곡에 있는 히말라야의 유토피아. 후로 어딘가 존재하는 낙원을 상징하며 기원은 티베트 불교에 전승된 샹바라(Shambhala 香巴拉), 피안 세계(彼岸世界)에서다. 이 이상향은 도연명(陶淵明)의 도원경(桃源境), 엘도라도, 토머스 모어의 유토피아 및 태양의 나라, 우리나라의 청학동(靑鶴洞) 등이 인간 마음에 내제한 이상향의 꿈들이다. 장소를 찾지 못하나 꿈은 그대로인지라 올더스 헉슬리는 알약으로 현실에서의 이상향 삶을 꿈꾸었다. 출처: 샹글리라(Shangrila).
- 샹그릴라족(Shangri-La 族); (사회 일반) 나이가 들어도 젊음을 유지하고자 하는 40대부터 50대까지의 사람들.
- 샹그릴라 신드롬(Shangri-la syndrome); (심리) 외모나 행동, 의식에서 젊음을 유지하려는 현상.
*옥지르다; 눌러 죄거나 두들겨 부수다.
*갓밝이; 새벽 동이 틀 무렵 희끄무레한 상태.
*눅눅한 가죽옷; 신약성서 히브리서 11장 37절에 나오는 말인 '양과 염소의 가죽을 입고'에서, 초기 기독교인들에게 가한 형벌의 한 가지로 젖은 가죽옷을 입혀 광야로 쫓아내면 마르면서 조여들어 온몸은 물론 뼈까지 으스러져 죽게 했다. 이제 그 형벌은 사라졌다. 그들처럼 비단 배내옷이 아닌, 가죽 배내옷을 입었기에(흙수저로 태어나) 태양이 찬란하면 오히려 점점 더 조여 오기에 젖은 옷을 그나마 살 수는 있다.
*날아온 아프로디테 무지개 꿈 화살; 미의 여신 아프로디테로 '피그말리온'의 꿈이 이루어지듯 아프로디테의 화살에 꿈을 이루어지길 바람.

커피 한 잔(盞)에 내리는 뜬 시름

역풍(逆風)으로 돌아선 길 잃어버린 바람
갈피를 못 잡아 마냥 일렁인 파도(波濤)
경계(境界)의
바다인 흑해(黑海),
묻지 못한 회한(悔恨), 끝내.

선창(船艙)을 정리(整理)하니 희미한 불빛들
다 낡고 바래진 돛 여미어 들었다.
더 한 날,
너울거리더니,
고요에 든 부두(埠頭).

한뉘가 다하니 실뽑길 멎는 누에
심(心)지 끝 다듬으니, 마지막 불꽃 춤
촛불의 타고 남은 재, 태산(泰山) 이룬 눈물 총(塚).

확연(確然)한 실상(實相)이 기실(其實) 잔(盞)에 든 허상
(虛像)
하역(荷役)의 찌꺼기 애써 멘 가방 하나
뜨거운
커피 한 잔(盞)에,

내리는 뜬 시름.

- 도시 직장인의 삶을 뱃사람들의 삶으로 빗대다.

*흑해(黑海); 유럽과 아시아의 경계에 있는 바다. 우크라이나·루마니아·불가리아·터키 등으로 둘러싸여 있으며, 북쪽 연안의 어업이 활발하다. 면적은 46만 6,200㎢. 여기서는 일터.

*선창(船艙); 일터.

*고요에 든 부두(埠頭); 일상이 끝난 도심.

*한뉘가 다하니 실뽑길 멎는 누에 심(心)지 끝 다듬으니; 이상은(李商隱)의 시(詩) 무제(無題)에서 따 왔다.

相見時難別亦難(상견시난별역난) 만남도 어렵더니 헤어짐도 그러하다

東風無力百花殘(동풍무력백화잔) 봄바람은 힘을 잃고 꽃들도 시드나니

春蠶到死絲方盡(춘잠도사사방진) 봄누에는 죽을 때 되니 실 뽑기를 그치고

蠟炬成恢淚始乾(납거성회루시건) 초는 다 타 재가 되니 저 눈물 마르네.

曉鏡但愁雲鬢改(효경단수운빈개) 아침 거울에 흰 머릿결 어느덧 서럽고

夜吟應覺月光寒(야음응각월광한) 밤에 시를 읊조리니 찬 달빛 스며드네.

蓬山此去無多路(봉산차거무다로) 예서 봉래산 가는 길이 여의치 않으니

靑鳥殷勤爲探看(청조은근위탐간) 파랑새야 넌지시 보고 오지 않으련?

해석에는 분분하다. 혹자(或者)에 따라 자신의 처지나 늙음,

아내에 대한 그리움으로 보기도 한다. 이러한 데는 시인의 한시 공부를 어렵게 만드는, 해음자(諧音字) 이기도 하다. 사(絲 - 실)은 사(思 - 그리움)의 해음자(諧音字)이다. 저자는 자기 삶과 처지를 빗댄 것으로 보았다.

春蠶到死絲方盡 蠟炬成恢淚始乾. 특히 이 두 구는 명구(名句) 중에 名句이다.

*다하다; 늙음. 생의 끝이 오다.

*다듬은 심(心)지; 자아를 다스리다.

*촛불의 타고 남은 재, 태산(泰山) 이룬 눈물 총(塚); 생의 끝이 오나 시름의 불꽃은 그대로 타고 있다. 예전, 타는 초에 비해 심지가 채 타지 않아 심지를 잘라주었다. 마음을 그리 다스려 왔건만, 이는 그의 야우기북(夜雨寄北)에서 인용했다.

夜雨寄北(야우기북-비 내리는 밤 北으로 편지를 부치다)

君問歸期未有期(군문귀기미유기) 돌아올 날 묻지만 기약 없고

巴山夜雨漲秋池(파산야우창추지) 파산의 밤비는 가을 연못 불게 하고

何當共剪西窓燭(하당공전서창촉) 어이 함께 서쪽 창가 촛불 심지 자르며

却話巴山夜雨時(각화파산야우시) 파산의 밤비 내린 시간을 말하리.

- 이상은(李商隱 812~858); 자 의산(義山), 호 옥계생(玉谿生). 당(唐) 말(末) 유미주의(唯美主義-미의 창조를 예술의 유일(唯一로 삼는 예술 사조) 시인. 하급 관리의 장남으로 태어났으나 10세 때 아버지 죽음으로 큰아버지에게 의지해 서책 필사 업으로 생계를 꾸리며 야망을 품었다.

당시 우승유파와 이덕유파로 나뉜 정국에서 우승유파가 된 덕에 26세 때 벼슬을 얻었다가 이덕유파 왕무원의 사위가 되었으나 그 해 좌천되고 5년 후 왕무원이 죽자 당파를 옮겨가며 빌붙듯 지냈다.

 만당 시인답게 한유와 유종원, 두보를 배우고 북송(北宋)의 양억 등이 서곤체(西崑體)라 부르며 추앙했다. 구양수·매요신 등에게 비판도 받았으나 왕안석에 의해 뛰어난 평을 받았다.
 시(詩)가 아름다우나 어느 詩들은 난해했다. 변문(骈文, 형식의 미를 추구함)이 뛰어났으며 두목(杜牧)과 함께 소이두(小李杜), 온정균(溫庭筠)과 함께 온이(溫李)로 불렸으며 연애담은 후세에도 오르내렸으나 시대를 잘못 만나 야망과 생존의 갈피에서 몸부림치다가 야망도, 사랑도, 생존마저 실패하고 45세의 불우한 생을 한을 씻지 못한 채 마감했다.
 자존심은 고사하고 자아(自我)마저 빼앗기며 꿈으로 버티었으나 시대도 사람도 적응 못하다 다 잃은 만년(晚年), 그의 비통함이 동병상련(同病相憐)으로 아리게 스민다.
*잔(盞)에 든 허상(虛像); 배중사영(杯中蛇影-술잔 속 뱀 그림자). 진서(晉書)의 악광전(樂廣傳)에 나오는 말로 후한(後漢) 말 학자(學者) 응소(應邵)의 조부(祖父) 응빈(應彬)이 급현의 장관으로 있을 때 주부(主簿)인 두선(杜宣)과 술을 마셨는데 두선의 술잔에 뱀 형체가 보였다. 거리낀 마음을 억누르고 마셨다. 그 일로 몸이 아파 여러 명의의 치료를 받았으나 악화만 되었다. 뒤늦게 응빈이 그의 병을 듣고 연유를 물으니 '뱀이 내 뱃속에 들어왔기 때문입니다.' 응빈이 돌아와 가만히 생각하다가 벽에 걸려있는 활을 보았다. 다시 두선(杜宣)을 부축해 같은 자리에 앉게 한 후 술자리를 마련하고 지금도 잔에 뱀이 들어있는지를 물었다. 두선의 잔에는 여태 뱀이 들어있었다. 응빈이 이르렀다. '뒤에 걸려있는 활을 보라. 그 뱀은 벽에 걸려 있는 활 그림자 일 뿐이다.' 마침내 두선의 병이 나았다.
 자기 스스로 의혹 된 마음으로 고민하는 일. 아무 것도 아닌 일에 의심을 하고 지나치게 근심함. 인간사(人間事)라는 것도 허상(虛像)인 杯中蛇影일 뿐임에 아둔하게 허우적거리고 있다.

동중정(動中靜)

일렁거리는 호야, 떠도는 반딧불이
남포등(燈) 불빛 아랜 흐늑이는 걸음들
끊어질 듯 울어 예다. 들 자리 펴는 바람.

선창(船艙) 잃은 사공(沙工)의 삐걱대는 노(櫓) 소리
수월(水月)은 찬 잔(盞)에 취기(醉氣) 어려 들고서
주향(酒香)은 넘쳐흐르나 허공(虛空)에 뜬 시름.

자아(自我)를 만나려 구중심처(九重深處) 헤집고
차다 이지러지길, 다함이 없을지나
달 따라 이우더니만, 먼동이 이는 밤(夜).

*동중정(動中靜); 움직임 속의 고요함.
*호야; '등(燈)의 경남지방 방언. 자동차 불빛.
*반딧불; 도심의 불빛을 뜻함.
*남포등(燈); 가로등.
*선창(船艙) 잃은 사공(沙工)의 삐걱대는 노(櫓) 소리; 도심의
교통수단.
*수월(水月); 물에 비친 달. 잔에 든 불빛.
*수월(水月)은 찬 잔(盞)에 취기(醉氣) 어려 들고서; 소동파의
적벽 회고에서.
- 적벽 회고. 蘇軾(소식). 적벽을 회고하다.
大江東去浪淘盡(대강동거랑도진) 장강은 동녘으로 흘러가면서

千古風流人物(천고풍류인물) 물결이 다 씻어버렸구나. 그 옛날
풍류객들을.

故壘西邊人道是(고루서변인도시) 옛 성 보루 서쪽을 노래하니

三國周郎赤壁(삼국주랑적벽) 삼국시대 주유가 노닐든 적벽의
터라고.

亂石崩雲(란석천공) 거친 돌들은 구름을 무너뜨리네.

驚濤裂岸(경도박안) 거센 물결은 기슭을 치고

捲起千堆雪(권기천퇴설) 천 무더기 눈같이 휘감아 올리니

江山如畫(강산여화) 강산은 한 폭의 그림이로구나.

一時多少豪傑(일시다소호걸) 한 시절 그 많은 호걸

遙想公瑾當年(요상공근당년) 아련한 주유를 생각하노니

小喬初嫁了(소교초가료) 소교가 갓 시집왔을 시

雄姿英發(웅자영발) 빼어난 영웅의 자태에

羽扇綸巾談笑間(우선윤건담소간) 새털 부채 들고 두건 쓰고 한
가히 담소하는 주유로

強虜灰飛煙滅(강로회비연말) 적의 돛과 노는 재와 연기가 되었
구나.

故國神遊(고국신료) 마음이야 고향에 대한 그리움에 달려가니

多情應笑我(다정응소아) 정든 마음으로 대해줄지나

早生華髮人生如夢(조생화발인생여몽) 벌써 센 흰 머리라니, 이
꿈같은 인생

一尊還酹江月(일존환뢰강월) 술 한 잔 채워 강에 든 달에 부어
권해보누나.

- 大江; 양쯔강. 장강(長江).

- 公瑾; 주유(周瑜)의 자(字).

- 小喬; 주유의 처. 동오의 권문세족 교공의 차녀. 언니 대교
는 손책의 아내가 되었다. 자매는 당대 최고의 미인에, 음악
과 문장에도 뛰어났다.

*羽扇綸巾; 새 깃털 부채와 푸른 비단 두건을 쓰다(여유로운

태도).

- 華髮; 하얗게 센 머리.

- 동파東坡; 본명 소식(苏軾), 북송의 시인. 동파거사(东坡居士)에서 온 호(號)로 아버지 소순(苏洵), 동생 소철(苏轍)과 함께 3소(三苏)라고 일컬어진 당송 팔대가((唐宋八大家-한유(韓愈), 유종원(柳宗元), 구양수(歐陽修), 소순(蘇洵), 소식(蘇軾), 소철(蘇轍), 증공(曾鞏), 왕안석(王安石) 등 8명의 산문작가)의 하나다. 구법파(舊法派)의 대표자로 서화에도 뛰어났다. 필화(筆禍)로 황저우(黃州)에 유배되어 지은 적벽부는 잘 알려져 있기에 다른 시를 실어보았다. 그는 술과 물고기, 낚시를(잘 낚지는 못한 것 같다) 좋아한 미식가였던 모양이다. 참 좋아하는, 잘 알려진 그의 詩이다.

春夜춘야.

春宵一刻直千金(춘소일각치천금) 봄밤 한 시각은 천금 값이니.

花有淸香月有陰(화유청향월유음) 맑은 꽃향기, 달은 그림자에 가려 드네.

歌管樓臺聲寂寂(가관누대성적적) 노래와 거문고 잠든 누각은 그윽하기만 한데

鞦韆院落夜沈沈(추천원락야침침) 그네 매인 뒤뜰 까닭 있는 밤은 깊어만 가네.

- 적벽대전; 삼국지의 관도대전, 이릉대전과 더불어 3대 전투 중에서도 가장 유명한 전투이다. 이로 조조는 손권과 유비 연합군에게 대패하여 남형주의 지배력은 물론 천하통일의 뜻을 잃게 된다.

*구중심처(九重深處); 아홉 겹이나 여러 층을 이르는 말. 구중궁궐(九重宮闕-여러 겹의 문으로 막은 깊은 궁궐이라는 뜻으로, 임금이 있는 대궐 안을 이르는 말).

*자아(自我); (심리) 자기 자신에 대한 의식이나 관념. 정신 분석학에서는 이드(id), 초자아와 함께 성격을 구성하는 한 요소

로, 현실 원리에 따라 이드의 원초적 욕망과 초자아의 양심을 조정한다. (철학) 대상의 세계와 구별된 인식·행위의 주체이며, 체험 내용이 변화해도 동일성을 지속하여, 작용·반응·체험·사고·의욕의 작용을 하는 의식의 통일체. 나.

*먼동이 이누나.; 동중정(動中靜). 움직임 가운데, 고요.

나무는 태양(太陽)에 그을지 않는다

겹다. 못한 서리에 꿈조차 얼었다.
메말라, 얽히고설킨 가지들 헤집고
겨우 내, 꿈꾸어 왔던 오롯한 옴 옴들.

대공(大空)을 젓더니 구천(九天)을 태운 해
잇대는 열기(熱氣)에 토(吐)하는 더운 숨
버팀이 한없듯 더니, 끝끝내 그은 바위.

온몸으로 맞닥뜨린 가없는 불덩이
바람이 타는 날은 하늘을 우러른다.
생(生) 끝이 이를지언정, 그을지 않는 결연(決然)함.

*나무는 태양(太陽)에 그을지 않는다.; 선비의 기개(氣槪)와 절
개(節槪)를 나타낸, 李白의 古風(고풍) 鳳飢不啄粟과 뜻을 같이
한다. 가히 高尙하지 아니 한가?
鳳飢不啄粟(봉기불탁속) 봉황은 주려도 좁쌀을 쪼지 않고
所食唯琅玕(소식유낭간) 먹는 것이라고는 비취뿐이니
焉能與羣雞(언능여군계) 어이 닭들과 어울려
刺蹙爭一湌(자축쟁일손) 한 줌 모이로 티격태격 다투리.
朝鳴崑丘樹(조명곤구수) 아침에는 곤륜산 나무에서 울고
夕飮砥柱湍(석음지주단) 저녁에는 지주산 여울물을 마시고
歸飛海路遠(귀비해로원) 날아서 돌아가는 아득한 바닷길
獨宿天霜寒(독숙천상한) 홀로 드는 자리 하늘 서리 차갑다.

幸遇王子晉(행우왕자진) 행운으로 왕자 진을 만나
結交靑雲端(결교청운단) 푸른 구름 가에서 사귀니
懷恩未得報(회은미득보) 품은 은혜 채 보답 못 하고
感別空長嘆(감별공장탄) 아쉬운 이별로 긴 탄식만 하도다.

- 剌蘗爭一飡; 당 현종을 둘러싼 소인배들과 권력을 두고 다투지 않는다.

- 王子晉; 이름은 교(喬), 周나라 靈王의 태자이다. 선학(仙學)에 심취하여 神仙이 되었다고 한다.

- 結交靑雲端; 장안의 궁궐과 그 주변에서 당 현종이나 하지장 등과 사귐을 뜻하는 것 같다.

*오롯하다; 남고 처짐이 없이 온전하다.

*대공(大空); 하늘.

*구천(九天); 가장 높은 하늘. 하늘을 아홉 방위로 나누어 일컬음. 불교적으로 대지를 중심으로 하여 도는 아홉 개의 천체. 궁중(宮中).

포플러

푸른 하늘 수(繡)놓는 소리표 피날레
차마 들을 수 없는 황혼(黃昏)의 피리 소리
그 자태(姿態) 달빛 젖으니, 애처로이 형형(炯炯)하다.

아미리가(亞美利加) 북(北)녘땅, 바람으로 떠나온
끝없이 그리운, 채 남은 늦잎들
가을이 하늘 걷는 날, 휘휘해 나 난다.

바흐의 소나타 바람 뜯는 에필로그
도돌이표(標) 하나 없는 게네랄파우제 적막(寂寞)
쌓인 날 카타르시스, 불모(不毛)의 이 황야(荒野).

*포플러(poplar); 미루나무. 높이 30m가량으로 잎은 광택이
남. 3~4월에 꽃피워 5월에 열매 익고 종자에 털이 많음. 강
변이나 마을의 부근 풍치목으로 심으며 젓가락·성냥개비 등의
재료로 씀. 북아메리카가 원산지로 바람에 잎들의 소리가 유
난함.
*푸른 하늘 수(繡)놓는 소리표 피날레; 푸른 하늘을 나는 포플
러 잎.
*피날레(finale); 최종. 마지막. (음악) 한 악곡의 마지막 악장.
종곡(終曲). (연극·연예) 연극의 마지막 막(幕).
*차마 들을 수 없는 황혼(黃昏)의 피리 소리; 夕陽之笛聲(석양
지적성) 向秀(향수).

當時逐客幾人存(당시축객기인존) 그때 함께 쫓겨 간 이 몇 이
나 살아남았는가?
立馬東風獨斷魂(입마동풍독단혼) 동녘 바람에 말 멈추니 이 홀
로 애가 끓는 구나.
烟雨介山寒食路(연우개산한식로) 안개 빗속에 잠긴 산길을 한
식날 가는데
不堪聞笛夕陽村(부감문적석양촌) 차마 들을 수 없는 황혼의 피
리 소리.
- 向秀(향수 230~280); 진(晉)나라 竹林七賢(죽림칠현)의 한
사람. 후에 七賢이 하나둘 죽고 흩어진 후 옛 벗의 집을 지나
다가 들려오는 피리 소리에 사구부(思舊賦)를 지었는데 이후
석양의 피리 소리는 옛날과 가고 없는 벗을 그리워하는 것으
로 알려지게 되었다.
*형형(炯炯)하다; 반짝반짝 빛나서 밝다.
*아미리가(亞美利加); '아메리카'의 음역어.
*휘휘하다; 무서운 느낌이 들 정도로 고요하고 쓸쓸하다.
*나날다; 날아 오락가락하다.
*바흐(Bach, Johann Sebastian 1685~1750); 독일의 작곡
가. 많은 종교 곡, 기악곡 소나타, 협주곡, 관현악 모음곡 등
을 썼고, 대위법 음악을 완성하여 바로크 음악의 정상에 올랐
다. 작품으로 〈마태 수난곡〉, 〈브란덴부르크 협주곡〉, 〈부활
제〉 등이 있다.
*소나타(sonata); 16세기 중기 바로크 초기 이후에 발달한 악
곡의 형식. 마찬가지로 2~4악장으로 이루어진 기악곡 형식.
*에필로그(epilogue); 문학 시가, 소설, 연극 따위의 끝나는
부분. 음악은 소나타 형식의 악장에서, 부주제 뒤의 작은 종
결부.
*바흐의 소나타 가슴 뜯는 에필로그; 바람에 나는 포플러 잎
소리.

*게네랄파우제(Generalpause); (독일) 음악 합주곡이나 합창곡에서, 모든 악기나 각 성부(聲部)가 일제히 쉬는 일. 악곡의 흐름을 갑자기 정지시키는 효과적인 기법으로, 18세기 중엽 만하임악파에서 쓰기 시작했다. 보통 온쉼표 위에 'G.P.'라고 써서 표시한다. 모두 쉼표, 총휴부.

- Mannheim樂派; 18세기 중엽에서 말엽에 걸쳐 만하임의 궁정(宮廷)에서 활약한 음악가를 통틀어 이르는 말. 전 고전(前古典) 악파에 속하며, 특히 바이올린 따위의 각종 악기의 정확한 주법을 발달시켜 빈 고전파에 많은 영향을 주었다. 대표적 인물로는 작곡가 슈타미츠 등이 있다.

- Stamitz, Johann Wenzel Anton; 보헤미아 태생의 독일 작곡가(1717~1757). 만하임악파의 대표적인 작곡가로, 작품에 〈심포니아〉, 〈클라리넷 협주곡〉 따위가 있다.

*적막(寂寞); 고요하고 쓸쓸함. 의지할 데 없이 외로움.
*되돌이표 하나 없는 게네랄파우제 적막; 포플러의 마지막 잎이 지다.
*카타르시스(catharsis); (문학) 비극을 감상함으로 응어리나 슬픔, 억압된 감정이 해소되고 정화되는 일. (심리) 자기가 직면한 고뇌 따위를 외부에 표출함으로써 정신의 안정이나 균형을 찾는 일.
*불모(不毛)의 황야(荒野); 마음, 그리고 참 자유.

- 느닷없다마는 영화 하나 보면, 원제 'Wrong Turn(2003)'이나 우리에게 '데드캠프'로 소개된 영화로 SUV를 탄 5명의 대학생이 웨스트버지니아 산속을 지나가다가 누군가가 의도적으로 설치한 철조망에 의해 바퀴가 펑크 난데다가 충돌로 차가 멎는다. 차를 둔 채 숲을 나가려다 하나둘씩 괴물 인간들에게 살해당하고 일행 셋과 도와주러 온 보안관까지 죽고 크

리스와 제시만 살아남아 괴물 인간의 집을 폭파하고는 그들의
차로 탈출한다. 괴물 인간은 근친상간으로 태어난 자들이었다.
다른 보안관들이 조사 목적으로 오자 살아남은 괴물 인간들이
이들을 습격한다는 별 철학적 메시지가 없는 영화임에도 제법
흥행했다. 영화의 무대가 웨스트버지니아인 것은 오지 중의
오지 탓이 아닌가 싶다.
오래전 그곳의 한 노인은 문법적 시제나 어순도 없이 이렇게
말했다.
"그래야 하는 이유도 없다. 비행기도, 기차도 탄 적도, 여기를
나간 적도."

- 이 시를 쓰고는 아니, 쓰는 내내 형언할 수 없는 갈등과 환
멸의 가없이 황량한 벌을 홀로 지나야만 했다. 태양이 빛날
때는 푸르게 노래하나 달이 뜨면 애처로이 형형한 몸빛으로
울어대는 포플러나무. 그것은 마치 노르웨이 여류 소설가인,
안네비르케펠트 락데(Anne B. Ragde)의 『베를린 포플러 나
무 Berlinerpoplene (2004)』 이야기에서 본, 가족의 숨겨진
추악한 비밀인, 아버지는 아버지가 아니라 배다른 형이며 할아
버지가 그들의 아버지였다는 사실은, 우리에게는 낯선 노르웨
이 문학이 드러낸 적나라함지나 추하고 어두운 인간 내면의 모습
으로 제 이차 대전 시 진주한 독일 병사가 향수를 달래기 위해
심은 포플러 나무가 병사는 떠났지만, 뿌리를 내려 잘 자라는 내
용에서 왔다 라나, 저자는 매우, 많이, 추악한 책이라는 느낌이
들었다. 인간의 내면세계? 다른 모습으로도 그릴 수 있으련만…

이는 독일 동화 『백설 공주와 일곱 난쟁이』에게서도 여지없이
그러했다. 잔혹하고 추한 왕궁 이야기, 공주와 아버지인 왕과의
근친상간으로 상처와 절망에 젖은 어머니는 오히려 희생되고 누
명까지 쓴, 더없이 악한 왕비가 된, 계모라나 실제 친어머니와의

갈등이 낳은 독살, 외진 숲속 작은 키 족속인 여덟 사내와 백설 공주의 혼음, 중세에 내려오는 이 암울한 이야기이다.

이러함이 북 유럽인들의 내면에 흐르는 어두운 정서이었다. 이 인간 내면의 여러 암울함을 그림형제처럼 아름다운 동화 나라로 각색하고 싶은, 이 모두가 혼란으로 와 닿았으나 『베를린 포플러 나무』에서 안네비르케펠트 락데는 토르(Thor. 그녀가 그의 이름을 왜 그리 지었는지, 토르는 북유럽 신화의 신으로 천둥이라는 뜻이며 오딘이 귀족의 신이라면 토르는 농민의 신이다. 망치를 들고 다니는 천둥의 신 토르는 천둥을 뜻하는 이름 Donner에서 나왔다. 영어권이나 북유럽은 목요일을 'Thor's day'로 부르다가 'Thursday'가 되었다)의 딸 토룬의 입을 빌려 이렇게 말했다.
"누구나 자신만의 방식으로 슬퍼한다!"

이탈리아 작가인 지오반니 보카치오(Giovanni Boccaccio)의 『데카메론(Decameron, 1492)』는 또 어떠한가? 페스트를 피해 농장으로 피난 온 일곱 젊은 여성들과 세 신사의 10일간의 이야기로 종교와 이성, 그 심연(深淵)의 추한 면을 재미와 문학적 및 역사적 가치를 지니게 쓴 책이기에 '윌리엄 셰익스피어'나 '제프리 초서'같은 작가들도 이를 많이 인용했다고 하나 예술성이나 문학성은커녕, 참 더럽다.

- 북유럽 신화(Norse mythology); 게르만 신화(Germanic mytholgy)에 속하는 신화로 지리적으로는 아이슬란드·노르웨이·스웨덴·덴마크·북부 독일 등지에 살던 노르드인을 포함한 북게르만 계통 민족들의 신화로서 게르만 신화 중에서 가장 풍부한 내용을 가지고 있다. 이가 잉글랜드와 스코틀랜드 남부로 진출해 칠왕국(앵글족의 노섬브리아, 머시아, 동앵글리아

와 색슨족의 웨식스, 서식스, 에식스와 주트족의 켄트) 시대를
연 앵글로색슨 등을 통해 다른 지역이 신화적 영향을 받았다.

정신(精神)이라고 불리는 인간의 영혼과 페르세포네의 왕 하
데스가 유괴하여 아내로 삼았는데 그녀가 석류 몇 알 먹은 것
때문에 일 년 중 반은 지상과 명부를 드나들었다), 인간의 성
격·육체적 본질은 무덤, 빠져나오기 힘든 수렁, 거짓과 영구적
인 것, 모든 슬픔과 고통의 근원으로, 플라톤은 몸을 영혼의
무덤으로 묘사했으며 이것에 의해 인간의 형태뿐만 아니라 인
간의 본성을 의미하기도 했다.
- 페르세포네(Persephone); (그리스·로마 신화) 女神. 제우스
와 대지의 여신 데메테르의 딸, 저승의 신 하데스의 부인. 족
보 자체가 복잡하고 추하다. 외숙부가 아버지이며 남편이 숙
부이면서 외숙부이다. 그녀는 명계(冥界)의 여왕 혹은 왕비이
다. 하기야 신들의 왕이라는 제우스 역시 아버지 크로노스를
폐위하고 신들의 왕이 된 자로 그의 정실부인 헤라는 그의 누
이이니 가족력에 대해서는 말할 것도 없다.
- 하데스; 옛 그리스인들은 인간이 사후에 지하에 있는 저승
세계로 간다고 여겨 그 입구에 저승의 신 하데스를 위한 신전
'플루톤(하데스)'을 세웠다. 핵폭탄 원료인 플루토늄이란 명칭
도 여기에서 나왔다.

호교론자만이 아닌, 신화학자들 주장대로 그들 선조의 피 묻
은 역사와 대를 잇는 근친상간 등이 신(神)의 탈을 쓴 채, 북
유럽인 속에 녹아 있는 정서가 작품 속에 나타나는 경향을 이
해할 수 있다.
- 호교론자(護敎論者); 호교론을 믿거나 주장하는 사람.
- 호교론(護敎論); 신학의 한 분야. 종교의 비합리성·비과학성
을 비판하는 사람들에게 종교는 초이성(超理性)이지 반이성(反

理性)은 아니라고 설명하는 학문. 종교, 계시 및 기독교의 기초를 이성에 의하여 설명한다. 에우헤메로스설(Euhemerism)을 받아들인 초기 기독교 호교론자들은 알렉산드리아의 클레멘스가 지은 『민중을 위한 격려(Cohortatio ad gentes)』에서처럼 '당신들이 숭배하는 그들은 한때 당신들과 같은 사람이었다'라 주장했다.

- 에우헤메로스설(Euhemerism); Euhēmeros의 주장으로 그의 이름을 따서 '신화는 실제 역사를 반영한 것으로 변경과 과장의 시간이 지나면서 꾸며진 것'이라고 해석하는 가설로 많은 사상가나 철학자, 역사학자 등에 영향을 끼쳤다.

- 에우헤메로스(Euhēmeros); BC 4세기 후반 시실리 메시나에서 태어난 그리스 신화학자(神話學者).

플라톤은 저서 『파이드로스』에서 '소크라테스는 북풍의 신 보레아스와 아테나이의 오레이티아에 대한 신화를 에우헤메로스설을 바탕으로 해석했다'고 주장했으며 토머스 불핀치는 『불핀치의 신화』에서 에우헤메로스설을 「신화의 역사 이론」이라고 불렀다.

- 불핀치(Thomas Bulfinch, 1796년 7월 15일~1867년 5월 27일); 미국의 작가로, 저서 『불핀치의 신화』가 있다.

신화가 '허구와 실재가 혼재된 고대 그리스 귀족들 삶의 일부'이거나, 프로이트의 정신분석 관점인 '인간 내면에의 원초적 충동이 표출된 집단의 꿈'이 정서에 녹아 예술(미술·음악·문학 등)에 흐름은 분명하다.

노벨상의 물리학·화학·경제학은 스웨덴 왕립과학아카데미에서 문학은 스웨덴 아카데미, 생리학·의학은 카롤린스카 의학연구소, 평화상은 노르웨이 노벨 위원회에서 해마다 인류 문명 발달에 이바지한 사람에게 수여하는 가장 권위 있는 상이라나

'알프레트 노벨'의 유언은 이러했다.

"… … 다섯 분야로 나누어 물리학 분야에서 가장 중요한 발견이나 발명을 한 사람, 화학 분야에서 중요한 발견이나 개발한 사람, 생리학 또는 의학 분야에서 가장 중요한 발견을 한 사람, 문학 분야에서 이상주의적인 가장 뛰어난 작품을 쓴 사람, 평화는 국가 간의 우호와 군대의 폐지 또는 삭감과 평화회의의 개최 혹은 추진을 위해 가장 헌신한 사람에게 준다."

이 중 '이상주의적인 가장 뛰어난 작품'이라 일컬은 문학상으로 선정된 매 작품들, 특히 납득할 수 없는 허접한 작품들을 보면서 스웨덴, 좀 더 나아가 북 유럽인들에게 흐르는, 그리고 추구(追究)하는 질 낮은 이상주의(理想主義), 하찮은 가치(價値)와 어두운 정서(情緒)를 엿볼 수 있었다. 허기야, 상(賞)이라야, 자본과 권력으로 단일정부를 세워 지배하려는 프리메이슨, 그들만의 파티이다.

르네상스 후기 인류를 하나의 세계시민으로 보는(이전에 이런 사상가가 존재 했었다) 세계동포주의(cosmopolitanism)는 그리스어 세계(kosmo)와 시민(polites)의 합성어인 세계시민(cosmopolite)이란 말에서 나왔다. 알렉산드로스에게 햇살이 필요하다며 옆으로 비켜달라고 말했다는 통속의 철학자 디오게네스에게 누가 이렇게 물었다.

"당신은 어느 나라 시민인가?"

"세계시민(cosmopolitan)!"

세계 모든 사람은 한 형제란 사상의 첫 주창자(主唱者)인 셈이다. 그의 이 주창은 구약성서 첫 책 창세기 5장의 영향을 받았다.

"아담 자손의 계보가 이러하니라 … 아담이 일백삼십 세에 자기 모양 곧 자기 형상과 같은 아들을 낳아 이름을 셋이라 하였고. 아담이 셋을 낳은 후 팔백 년을 지내며 자녀를 낳았으며. 그가 구백삼십 세를 향수 하고 죽었더라. 셋은 일백오 세에 에노스를 낳았고."

신약성서 누가복음 3장에는 역순으로 나온다. 모든 민족, 인종, 종족은 거슬러 올라가면 모두 하나이기에 보편구제설(Universalism - 인류는 결국 전부 구제받는다는 설)인 이 사상이 나왔다. 이것이 프리메이슨 종교관이다. 이 위선(僞善)의 관점에서 노벨상 후보자를 정한다.

조금 시간 내어 역대 노벨 문학상 수상작 그 줄거리와 주제만이라도 살펴보면 노벨상 수상작이라는 감미로움에 숨겨진, 북유럽 정서와 프리메이슨 추한 내면을 엿볼 수 있으리라.

황야 같은 세상, 바람에 나르는 먼지 같은 마음, 그랬었던가? 포플러의 그리함은, 장미(薔薇)는 아름답고 향기로우나 벌·나비들이 모이지 않는 것은 가시 때문이 아니라 꿀이 없음이다.

'내면이 없는 멋져 보이는 외면', 영어로 'That's Blue rose!' 표현이 있다. 요즈음 거의 쓰지 않으니 있었다고 해야 하는지 모르지만, 지금은 유전자조작이나 다른 기술적인 방법으로 푸른 장미가 가능하지만, 과거 자연 상태에서는 불가능했기에 강한 부정의 뜻으로 사용했다. 그래도 그때는 詩的이었던 시절이었다. 인지(人智)의 발달이 삶을 더 황량하게 하는 것 같다. 기왕 그 아름다운 부정의 언어를 사라지게 할 거면, 외형의 색만이 아닌, 내면의 꿀도 있다면 더 없을 것만, 지식이 아닌, 심성(心性)의 한계인 것 같아 더 씁쓸하다.

달빛 흐르는 밤, 포플러 잎들이 제 거두는 가을로 휘휘 나르고 자아(自我)를 부수어 흩트리며 자신만의 방식으로 부르는 그 처절하나 선율적 아리아(aria), 그것은 카타르시스였다.

목련(木蓮)

대공(大空)의 자궁(子宮)에 오롯이
온 존재(存在)
사파(娑婆)의 꽃샘이 새하얗게 흘길지나
겨우내
바라밀다(波羅蜜多)로
첫 잎 보다 이르러.

북 령 만행(萬行) 나섰던 까치의
목비(木琵)에
한 꿈결 깨어나 기지개 켜더니
탈(脫)했다.
나비 화(化)했다.
자아(自我)를 깨트려.

모(某)가 향(香)을 논(論)할지언정 자태(姿態)가
향(香)이거늘
벗어던진 페르소나 겉꺼풀 속꺼풀
진자리
애틋할 진데
화르르 든 니르바나.

*대공(大空); 하늘.

*오롯하다; 모자람이 없이 온전하다.

*존재(存在); 의식으로부터 독립하여 외계(外界)에 객관적으로 실재함. 현실에 실제로 있음. 또는 그런 대상. 형이상학적 의미로, 현상 변화의 기반이 되는 근원적인 실재.

*사파(娑婆); 사바(娑婆의 본딧말. 괴로움이 많은 인간 세계).

*사파(娑婆)의 꽃샘이 새하얗게 흘길지나; 눈이 내리다.

*바라밀다(波羅蜜多); 생로병사의 번뇌를 벗고 열반에 이르려는 수행.

*한 꿈결; 한 생애(生涯).

*만행(萬行); 여러 곳을 두루 돌아다니면서 닦는 온갖 수행.

*북 령 만행과 까치; 옛 불교 설화에 보양(寶壤)이 절을 지으려 북 령에 올라가니 까치가 땅을 쪼는 것을 보고 그곳을 파 보았더니 오래된 벽돌들이 나와 이로 세운 절을 작갑사(鵲岬寺)라 했다. 이후 까치를 부처의 전령사로 여겼다.

*목비(木篦); 죽비(竹篦). 불사(佛事) 때 스님이 손바닥을 쳐 낸 소리로 시작과 끝을 알리는 데 씀.

*탈(脫); 벗어남. 자유로워짐.

*자아(自我); (심리) 자기에 대한 의식이나 관념. 정신 분석학의 이드(id), 초자아와 함께 성격을 구성하는 한 요소. 현실 원리에 따라 이드의 원초적 욕망과 초자아의 양심을 조정한다. (철학) 대상의 세계와 구별된 인식·행위의 주체로 체험 내용이 변화해도 동일성을 지속하여, 작용·반응·체험·사고·의욕의 작용을 하는 의식의 통일체. 나·셀프·에고·자기. (불교) 나(我)에게서 벗어나 깨달음의 경지에 이름.

*페르소나(Persona); (극·소설 등) 등장인물. 배우가 쓴 가면. 사람, 인물. 외적 인격. 가면 쓴 인격.

*니르바나(nirvāna); (산스크리트어) 열반(涅槃-모든 번뇌에서 벗어난, 영원한 진리를 깨달은 경지). 멸도(滅度). 덕이 높은

스님의 죽음. 입적(入寂).

- 왕유는 홀로이 붉게 피었다가 홀로이 지는 목련을 이리 노래했다.
辛夷塢(신이오) 목련꽃 피는 언덕.
木末芙蓉花(목말부용화) 나무 가지에 핀 연꽃
山中發紅萼(산중발홍악) 산 중임에도 붉게 피어나
澗戶寂無人(간호적무인) 산골 물가 쓸쓸한 아무도 없는 집
紛紛開且落(분분개차락) 어지러이 피고는 지누나.
- 신이(辛夷); 자목련(紫木蓮).
- 신이오(辛夷塢); 왕유의 별장 지명(地名).
- 왕유; 당(唐)시인. 자 마힐(摩詰). 이백(李白) 시선(詩仙), 두보(杜甫) 시성(詩聖), 왕유(王維)는 명문대가(名文大家)에서 태어나 어려서부터 불도(佛道)에 든 탓에 선시(禪詩)가 많아 시불(詩佛)이라 불렸다. 시문(詩文)은 물론 비파도 잘 다루는 등 음률(音律)에도 뛰어났다. 여러 개의 관직을 역임했으나 안녹산의 난(765~757)에 연루되어 어려움을 겪기도 했었으며 숙종(재위 756~762) 때 상서우승(尙書右承)에까지 이르러 왕우승이라 고도 불렸다. 소동파(蘇東坡)는 그의 시와 그림을 두고 '詩中有畵 畵中有詩(그림이 시 같고 시가 그림 같다)'라 했다. 400여 수가 전해지며 자연 시인(自然詩人)의 대표자이자 남종화의 창시자로 시집 『왕우승집(王右丞集)』이 있다.

대공(大空)의 야생화(野生花)

태고(太古)로 누벼온 티 없이 맑은 얼
영지(領地)를 열었다. 한울을 두루 살펴
눈꽃이 아름찰지엔, 먼 봄이 트는 터.

올연(兀然)한 자태(姿態)로 해와 달 공글리다.
시공(時空) 너머 맥놀이 배달족(族) 기지개
온 강토(疆土) 일깨우려는, 야성(野性)의 외 아 침.

반만년(半萬年) 본디 음(音) 어둠을 깨트리니
굽이친 해란강(海蘭江) 일렁인 황금(黃金) 벌
구천(九天)에 흐드러지진, 대공(大空)의 야생화(野生花).

*대공(大空)의 야생화(野生花); 보신각(普信閣) 종소리.
조선 때, 큰 북을 인정(밤 10시경 28번)과 파루(새벽 4시경
33번)에 쳐 통금과 해제를 알렸다. 단층집이나 이층집 1층을
각(閣), 지면에서 한 길 높이 지은 집을 루(樓)라 했다.
보신각(普信閣) 종(鐘)에는 당좌문(撞座紋)이 없다. 옛 연(蓮)이
대공(大空-하늘)에 흐드러졌는지…. 당좌문은 문양(紋樣)만이
아닌, 맥놀이에도 영향이 있다. 1980년 복원할 때, 원형대로
주조했을지나 세계를 향한 웅지(雄志)나 통일의 염원(念願)을
나타내는 문양(紋樣)을 돋을새김 했었더라면.
*한 울; 하늘.
*올연(兀然); 홀로 우뚝하다.

*공글리다.; 바닥 따위를 단단하게 다지다. 일을 틀림없이 잘 마무리하다. 흩어져 있는 것을 가지런히 하다. 마음이나 생각 따위를 흔들리지 않도록 다잡다.

*배달족(族); 우리 민족.

*너머와 넘어; '넘어' 움직임, '너머' 공간.

*기지개; 종소리.

*해란강(海蘭江)과 황금벌; 길림성 연변, 화룡에서 용정을 거쳐 두만강으로 흘러드는 145km의 두만강 지류(支流)인 해란강과 지평선이 춤추는 만주벌은 일제(日帝)가 청국(淸國)에 넘긴, 일본에 책임을 묻고, 또한, 언젠가 다시 찾아야 할 우리 터다.

*구천(九天); 가장 높은 하늘. 하늘을 아홉 방위로 나누어 이르는 말. 중앙을 균천(鈞天), 동쪽을 창천(蒼天), 서쪽을 호천(昊天), 남쪽을 염천(炎天), 북쪽을 현천(玄天)이라 하고 동남쪽을 양천(陽天), 서남쪽을 주천(朱天), 동북쪽을 변천(變天), 서북쪽을 유천(幽天)이라 한다.

보신각 맥놀이는 백두산 너머 요동하는 해란강가 아득히 펼쳐진 만주벌과 아무르강변과 타타르 벌을 가없이 달린다. 그 장엄(莊嚴)함에 문종(文鐘 - 글의 종, 잠든 글을 깨우다)을 두드리려 타종봉(打鐘棒 - 종을 치는 통나무)을 젖히니(노트북을 열다) 이 시음(詩音)이 가슴을 울렸다.